真希望
我父母读过
这本书

你的孩子
也会
庆幸你读过

——

[英] 菲利帕·佩里 著
洪慧芳 译

The Book
You Wish Your
Parents Had
Read

(and Your Children
Will be Glad That
You Did)

Philippa Perry

中信出版集团 | 北京

图书在版编目（CIP）数据

真希望我父母读过这本书 /（英）菲利帕·佩里著；
洪慧芳译. -- 北京：中信出版社，2020.8（2025.10重印）
书名原文：The Book You Wish Your Parents Had
Read-And Your Children Will be Glad That You Did
ISBN 978-7-5217-1925-3

Ⅰ.①真… Ⅱ.①菲…②洪… Ⅲ.①亲子关系－家庭教育 Ⅳ.① G78

中国版本图书馆 CIP 数据核字（2020）第 091883 号

The Book You Wish Your Parents Had Read-And Your Children Will be Glad
That You Did
Text Copyright © Philippa Perry
First published in 2019 Great Britain in the English language by Penguin Books Ltd.
Published under licence from Penguin Books Ltd.
Penguin（企鹅）and the Penguin logo are trademarks of Penguin Books Ltd.
Simplified Chinese translation copyright © 2020 by CITIC Press Corporation
All RIGHTS RESERVED
本书仅限中国大陆地区发行销售
封底凡无企鹅防伪标识者均属未经授权之非法版本

本简体中文版翻译由台湾木马文化事业股份有限公司授权

真希望我父母读过这本书

著　　者：[英] 菲利帕·佩里
译　　者：洪慧芳
出版发行：中信出版集团股份有限公司
　　　　　（北京市朝阳区东三环北路 27 号嘉铭中心　邮编　100020）
承　印　者：北京通州皇家印刷厂
开　　本：880mm×1230mm　1/32　印　张：9.5　字　数：179 千字
版　　次：2020 年 8 月第 1 版　　　　印　次：2025 年 10 月第 49 次印刷
京权图字：01-2020-2472
书　　号：ISBN 978-7-5217-1925-3
定　　价：48.00 元

版权所有·侵权必究
如有印刷、装订问题，本公司负责调换。
服务热线：400-600-8099
投稿邮箱：author@citicpub.com

目录

前言 / XI

PART 1
亲子教养的传承

过往经历的影响 / 003

破裂与修复 / 010

修复过去 / 015

如何自我对话 / 019

好父母/坏父母：不要轻易评判 / 024

PART 2
孩子的成长环境

重点不是家庭结构,而是我们如何相处 / 031

父母不在一起的时候 / 033

如何使痛苦变得可以忍受 / 035

父母在一起的时候 / 036

争论的方法 / 038

培养善意 / 047

PART 3
回应孩子的感受

学习如何包容感受 / 053

确认感受的重要 / 057

否认孩子感受的危险 / 063

修复关系,而不是冷战 / 069

去感受,而不是去处理 / 070

床底下的怪物 / 074

接纳每种情绪的重要性 / 076

人必须快乐吗 / 079

从感受中转移注意力 / 084

PART 4
最初的孕育

亲子关系从怀孕时开始 / 091

交感巫术 / 094

你是哪类家长 / 099

宝宝与你 / 103

规划分娩 / 104

讲述分娩经验 / 105

吃奶的本能 / 106

最初的关系 / 108

支持：为了呵护孩子，我们也需要获得呵护 / 112

依附理论 / 120

强迫性的哭喊 / 125

不同的荷尔蒙，不同的你 / 128

不要害怕孤独 / 129

产后抑郁症 / 133

PART 5
培养心理健康的孩子

亲子关系决定心理健康 / 143

互动及来回交流 / 144

如何开始交流 / 146

互看游戏 / 147

交流恐惧症 / 148

专注观察的重要性 / 153

当你沉迷于手机时会发生什么 / 155

我们天生就有交流能力 / 157

婴幼儿也是人 / 160

讨厌的孩子是怎么训练出来的 / 162

为什么孩子变得"黏人" / 166

寻找育儿的意义 / 167

培养孩子的稳定情绪 / 168

睡眠训练是一种控制 / 169

什么是睡眠逐步推进 / 174

帮助,而不是拯救 / 177

游戏力 / 181

PART 6
所有的行为都是沟通

家长是孩子的第一个榜样 / 191

输赢游戏 / 193

先考虑当下可行的状况，别想未来可能发生什么 / 196

行为得体所需要的特质 / 197

如果所有行为都是沟通，那些不得体行为意味着什么 / 201

早点积极投入时间，就不需要后来被迫投入 / 208

用语言来表达感受，有助于改善行为 / 209

不要随意为孩子的不得体行为找借口 / 211

管教孩子应该多严格 / 216

当孩子发脾气时 / 220

莫名其妙的哭闹 / 225

父母的谎言 / 231

孩子的谎言 / 235

界限：界定你自己，而不是孩子 / 243

为年龄较大的孩子及青少年设定界限 / 254

反常的青春期 / 258

孩子长大成人后 / 267

后记 / 271

致谢 / 273

延伸阅读 / 282

谨献给

挚爱的妹妹贝琳达

当父母容易,做父母难。

——德国画家、诗人,威廉·布施(Wilhelm Busch)

这不是一本简单的亲子教养书。

我不打算详细说明怎么教孩子上厕所或什么时候该断奶。

这本书讲的是如何培养亲子关系，什么因素阻碍了亲子沟通，怎么做可以让亲子关系更加深厚。

这本书讲的是我们从上一代获得的亲子教养方式，以及那些教养方式对我们养儿育女的影响，也会讲到我们在亲子教养方面可能犯下的错误，尤其是那些我们从来不想犯的错，以及有了过错之后我们如何弥补。

在这本书中，你不会看到很多秘诀、方法或教养技巧。可能书里的内容会让你觉得有些不舒服，甚至生气，然而却可以帮助你变成更好的父母。

多么希望在我初为人母时就读过这本书。

如果我父母以前就读过这本书，那该有多好。

前言

最近，我看了喜剧演员迈克尔·麦金太尔（Michael McIntyre）的脱口秀节目。他在节目中说，我们需要帮孩子做四件事：帮他们穿衣，喂他们吃饭，给他们洗澡，哄他们睡觉。他说，他当爸爸之前有个幻想，他以为家长就是陪着孩子在草地上欢快地奔跑，然后坐下来悠闲地吃着野餐，但实际上，每天面对孩子都是一场永无止境的战斗，你得一直帮他们做那四件基本的事情。麦金太尔描述他如何好说歹说地哄孩子洗头、穿外套、出门或吃蔬菜时，全场哄堂大笑。那是父母的笑声，也许都是像我们这样的父母，大家都是过来人。

为人父母[①]是件苦差事，可能很无聊、令人沮丧、让人失

[①] 我使用"父母"这个词时，是指负责照顾孩子的人，既可以是亲生或法律上的亲子关系，也可以是近亲或挚友。换句话说，书中所指的"父母"和"主要照顾者"的定义是互通的。有时我会使用"照顾者"这个词，那可以指父母、代理父母、继父母、有偿或无偿的帮手，或是对孩子负有主要责任的任何人。——作者注

望、伤透脑筋，但同时也是你经历过的最有趣、最快乐、最有爱、最美好的事情。

当你忙着换尿布，为孩子生病焦头烂额，手足无措地看着孩子发脾气（幼儿和青少年），或上了一天班回到家，开始你的下一段工作时（这些工作包括：从儿童座椅的缝隙刮出残留的香蕉，或是又收到一封校长来信，请你去学校一趟），你很难冷静客观地看待为人父母这件事。

这本书的目的是要带你从大处着眼，帮你退一步了解全局，看清楚哪些重要，哪些不重要，以及怎么帮助孩子成为最好的自己。

亲子教养的核心，在于你和孩子之间的关系。如果把人比作植物，关系就是土壤。关系支持和滋养着孩子，让孩子得以成长（或抑制成长）。少了可以依靠的关系，孩子的安全感就会受损。你一定希望亲子关系变成孩子获得力量的源泉，将来也成为他们的孩子获得力量的源泉。

身为心理治疗师，我曾听过很多在亲子关系问题上产生困惑的人倾诉他们的经历。通过这个工作，我有机会观察到亲子关系是如何变质的，以及如何让它恢复正常。

我写这本书的目的，是想跟大家分享亲子教育中真正重要的东西，包括如何看待你和孩子的感受；如何倾听孩子，以便更了解他们；如何与孩子建立真正的联系，而不是陷入令人疲惫的冲突或退让的模式。我是从长远的角度来看待亲子教养的问题，绝非靠一些小技巧或诀窍来驯养孩子。我感兴趣的是如何与孩子相处，而不是如何操纵他们。

在这本书中，我会鼓励你回顾自己婴幼儿时期及童年的经历，以便把自己成长过程中获得的有益经验传递给下一代，也避免把以前吃过的苦复制到孩子身上。我会把重点放在如何使所有的关系变得更好，让孩子可以在和谐的关系中成长。我也会谈到女人怀孕时期的心态，可能对未来的亲子关系产生什么影响，以及如何与婴儿、儿童、青少年和长大成人的孩子相处，让亲子关系变成孩子的力量之源以及你获得成就感的源泉。这样一来，在陪孩子长大的过程中，因为让他们穿衣、吃饭、洗澡、睡觉而引发的争吵就会越来越少。

这本书送给所有爱孩子同时也真心喜欢孩子的父母，希望你们都能拥有最美好的亲子关系。

PART 1

亲子教养的传承

俗话说得好：言传不如身教。在思考孩子的行为之前，不妨先看看他们效仿的榜样，其中一个榜样就是你。

这个部分会集中谈你，因为你对孩子有重大的影响。在这个部分中，我会举例说明，在亲子关系方面，过去如何影响着现在。孩子常会勾起我们内心旧有的感受，导致我们面对孩子时，不小心就因为那些被勾起的情绪而产生反应。因此，经常检视内心，多做自我批评，对父母来说极为重要，以免把破坏力传给下一代。

● 过往经历的影响

孩子需要温暖和接纳、身体的轻柔触碰、你陪伴在身边、有界限的爱、理解、安抚、跟各年龄层的人交流,以及你的关注和时间。哦,如果仅仅是这些就简单了,这本书写到这里就可以结束了。偏偏事情没那么简单,因为你总是会遇到一些阻碍,生活中总是会出一些乱子,诸如:糟糕的环境、烦琐的育儿细节、金钱压力、工作压力、缺少时间、身心俱疲等等。

不过,比起上述这些困难,还有一点更容易阻碍我们:我们婴幼儿时期获得的亲子教养方式。如果我们不反思自己是如何成长的,以及上一辈在我们身上留下的影响,有一天你会赫然发现,那些经历会冷不防地跳出来,给你一记回马枪。你可能会说过类似这样的话:"我一张嘴,说出来的话竟然跟我妈妈如出一辙。"如果那些话都是正向的积极的,让你童年时觉得有人需要你、关爱你、保护你,那当然很好,但实际上那些话的效果往往正好相反。

作为家长,会产生不良后果的心态包括:缺乏信心、悲观、过度保护、时时刻刻的担心。这些心态都会影响到亲子关系的质量。

幸好,现在改变绝对不晚,那将会改善你的孩子和他们的孩子的生活。不要让上一代错误的养育方式留在你身上的阴影，再影响到你的下一代。

你可以冷静地拆解、分析你的童年，回顾过去，在家庭生活中曾经发生过什么难忘的事情，当时你有什么感受，现在又是什么感受。做完分析后，请把那些不愉快的回忆彻底忘掉，只留下你需要的有积极影响的回忆。

如果在你成长过程中，家人都把你当成独特的、有价值的个体看待，给你无条件的爱，也给你足够的正面关注，你们全家关系融洽，那么你会获得一份培养正面关系的蓝图，长大成人的你也有信心可以为家庭与社区做出贡献。

如果很不幸，你没有那样的童年（多数人如此），回顾过往可能会令你感到心理不适。你要正视这种不适的感觉，时刻提醒自己不要再传到孩子那里。我们从上一代承袭了很多东西却不自知，这使我们有时很难判断，自己究竟是对孩子当下的行为产生反应，还是受过去影响而产生本能反应。

下面这个小故事有助于说明我的意思。这是泰伊讲给我听的，她是一位慈爱的母亲，同时也是资深的心理治疗师，给很多心理治疗师做过培训。我之所以提起她的两个身份，是为了告诉大家，即使是最懂得自我认知、最心存善意的人，也可能陷入情感上的时间错位，突然发现自己对孩子的某些反应是源于过往的经历，而不是针对当下的情境。

泰伊有个七岁的女儿艾米丽，有一天艾米丽对她大喊，说她卡在攀爬架上，需要有人把她抱下来。

我叫她自己下来，她说她下不来时，我突然就冒出一股无名火。我觉得她是在无理取闹，她明明可以轻轻松松做到的嘛，于是我冲她大喊："马上给我下来！"
艾米丽费了很大劲，最后还是下来了。她小心翼翼地走过来，想拉我的手，但我还在气头上，就把她的手甩开了，孩子委屈地大哭起来。
回到家后，我和艾米丽坐在一起喝茶，她的情绪终于平静下来，我也把那件事情抛诸脑后，只是心想："天啊，带孩子可真麻烦。"
一周之后，我们一起去公园，那里也有一个攀爬架。我突然感到一阵内疚，艾米丽显然也想起了上周的事，因为她正用怯生生的眼神抬头看着我。
我问她想不想玩，她点点头。这次，我不是坐在长椅上刷手机，而是站在攀爬架边看着她。她感觉自己又被卡住时，伸出手臂向我求援。这次我没有发火，而是鼓励她说："把一只脚放这里，另一只脚放那里，抓住那个栏杆，你就可以自己下来了，试试看。"
艾米丽照我的话去做，很快就下来了。她问我说："妈妈，上次你为什么不帮我?"

我想了想,这样回答她:"妈妈小时候,你外婆把我当成小公主一样呵护,陪我到处玩,又总担心我出意外,时时刻刻提醒我'小心'。这让我觉得自己好像没有能力做任何事情,让我变得越来越没有信心。我不希望这种情况也发生在你身上,所以上周你要我把你从攀爬架上抱下来时,我不想这样做。那让我想起我在你这个年纪,大人根本不信任我能自己处理。我想到以前的事,突然一肚子气,就把气出在你身上了,是我不对。"

艾米丽抬起头来看着我说:"原来是这样,我还以为是妈妈不在乎我呢。"

我急忙说:"当然不是啊,妈妈很在乎你,只是当时妈妈没意识到,我其实是在生你外婆的气,而不是你。对不起艾米丽。"

就像泰伊一样,我们很容易对自己的情绪反应,立即做出判断或假设,而没有考虑到那可能是因为当下发生的事情,勾起了过往的记忆。

当你对孩子正在做的事情或提出要求的事情感到愤怒时(或产生其他负面情绪,包括怨恨、挫折感、嫉妒、厌恶、恐慌、恼怒、恐惧等等），最好把它视为一个警报。那个警报不是在提醒你，孩子肯定做错了什么，而是表明你的记忆闸门又被打开了。

模式通常是这样的：当你对孩子发飙或表现出过于激动的情绪时，是因为你必须用那种方式来保护自己，以免你感觉到你在孩子那个年纪所经历的感受。你没有意识到，孩子的行为可能触发你过去的绝望、渴望、孤独、嫉妒，或不自信的感觉。所以，不知不觉中，你挑了一个简单的做法：你不去试图理解孩子的感受，而是直接发飙，或陷入沮丧，或开始恐慌。

有时，我们被触发的过往感受可以追溯到好几代之前。比如我母亲，她很讨厌孩子玩耍时的尖叫声。后来我注意到，我自己的孩子和朋友吵闹时，即使他们玩得很开心，我也会进入一种警觉状态。我想知道为什么会这样，所以我问母亲，她小时候玩耍时，要是发出很大的声音会发生什么事。她告诉我，她出生时，她的父亲（我的外公）已经五十几岁了。他经常头痛，所以孩子们在家里走动时，都必须蹑手蹑脚，否则就会挨骂。

也许你害怕承认，有时你对孩子的怒火就是压不住。你怕承认了以后，会使怒火加剧，导致愤怒的感觉更加真实。我希望你知道，这种愤怒其实并不是孩子触发的，是过往的经历唤醒了深藏你心底的感受，当你明白这一点，你就会放松下来，也不会因此而连累到孩子了。

PART 1　亲子教养的传承

当然，你不一定每次都能为自己的感受追溯到过去的源头，但它一定是存在的，请谨记这一点。

当你年纪还小时，可能会有这样的感觉：爱你的人不一定总是喜欢你。他们有时会觉得你很烦、很难缠、令人失望、无关紧要、可气、笨手笨脚或愚蠢。当你的孩子表现出类似的行为时，便触发了你以前的感受，导致你大吼大叫甚至发飙。

为人父母无疑是件苦差事。一夜之间，孩子成了最令人劳心费神的首要工作，而且还是全年、全天候无休的苦差事。为人父母后，你终于体会到自己的父母以前需要面对什么，也许你会更加感激他们，更加认同他们，或更加同情他们。但你也需要认同你的孩子。花时间思考你自己在婴幼儿时期，或是跟孩子年龄相仿的时候有什么感受，这样做可以帮你培养对孩子的同理心。当孩子的行为让你恨不得大吼着推开他们时，这种同理心可以帮你理解孩子，感同身受。

我的客户奥斯卡收养了一个十八个月大的男婴。每次儿子把食物掉在地上，或是随处乱扔食物时，奥斯卡就一肚子火。我问他："你小时候要是把食物掉在地上或随处乱扔食物时，会发生什么事？"他说祖父会用刀柄敲他的手指头，然后要求他离开房间。他回想起自己儿时遭到那种对待的感受后，开始同情幼年的自己，那也帮他找到了对孩子的耐心。

我们很容易以为，我们的感觉只与眼前发生的事情有关。比方说，你有个四岁的孩子，生日那天，他收到一大堆礼物，兴高采烈。可是你却批评他："这孩子，真是被惯坏了。"只因为他没和别的小朋友分享新玩具。

怎么会这样？从逻辑上来说，孩子收到那么多礼物并不是他的错。你可能下意识地认为孩子不该拥有那么多东西，所以你的愤怒以尖刻的语气和对孩子的不合理指责（你觉得孩子应该成熟大方一点）表现出来。

如果你停下来回顾过往，你会发现，在你四岁时，有人要求你分享一些你不想分享的东西，或者你根本没有那么多东西可以分享，你不想为四岁的自己感到难过，所以才对孩子大发脾气。

这让我想起公众人物收到的匿名恶意邮件，以及在社交媒体上遭到的网络暴力。从那些恶意邮件及网友留言的字里行间可以看出，他们其实只是想表达："你那么有名，我却默默无闻，实在很不公平。"

嫉妒自己的孩子是很正常的反应。如果你有那种反应，应该勇于承认，而不是把气出在孩子身上，他们不需要像恶意网友一样的父母。

在这本书中，我加入了一些练习，帮你更深入了解我的观点。如果你觉得那些练习没有帮助，可以直接跳过，等你觉得自己想通了，再回头来阅读。

- 练习：我的情绪来自何处？

下次孩子又令你发火（或出现冲动的情绪）时，别再不假思索地就做出反应，而是停下来自问：这种感觉完全是当下的情境和孩子造成的吗？ 为什么我不能站在孩子的立场看问题呢？

有一个阻止自己冲动反应的好办法，就是对自己说："我需要一些时间思考当下发生的事情。"先停一停，冷静一下。 即使孩子确实有问题，需要你指引，你在气头上指引孩子也没有多大意义。 这个时候不管你给出任何指引，孩子都只能感受到你的愤怒，而听不进去你想讲给他的道理。

如果你还没有孩子，可以做另一种版本的练习。 注意你发飙或自以为是、愤怒、恐慌、羞愧、自我厌恶的频率。 从你的反应中寻找规律，好好回想你第一次有那种感觉是什么时候，你会发现那种反应其实积习已久。 你早已养成习惯，跟当下的情境无关。

● 破裂与修复

在理想世界里，我们在出现冲动反应以前，会先克制自己；我们永远不会对孩子大喊大叫，威胁他们，或让他们感到难过。可惜在现实世界里，我们是绝对做不到的。

你看泰伊，她是经验丰富的心理治疗师，内心的怒火依然导致她做出冲动反应。但她为了修补伤害，做了一件我们都可以学习的事——关系破裂后的修复。

破裂是指我们误解彼此，做了错误的判断，伤害了他人。在每个重要、亲密的家庭关系中，翻脸决裂是无可避免的。重点不在于关系破裂，而是要加以修复。

首先要努力改变你的反应。也就是说，找出触发情绪的原因，并利用那种认知，做出不同的反应。如果孩子已经懂事了，你可以通过言语道歉，就像泰伊对女儿艾米丽那样。即使你是在事情发生几个月后，才意识到自己对待孩子的方式错了，你还是可以告诉他，你哪里做错了。

父母试图与孩子修复关系，对孩子来说意义重大，即使孩子已经成年。你看艾米丽当时的想法，她以为泰伊不关心她。当她得知妈妈并不是这样，只是当时情绪不佳时，她也松了一口气。

有位家长曾经问我，向孩子道歉会不会有负面作用。她说："如果孩子发现你并不总是正确的，会不会没有安全感？"我可以肯定地说：不会！孩子需要的是父母真实可信，而不是十全十美。

回想一下你的童年：你是否曾觉得自己很糟糕或做错了什么，甚至觉得父母心情不好都是你造成的？如果你曾这样想，你很容易就会以错误的方式（即让对方觉得是他的错）来修复这种自责的情绪。当你这样做时,受害者往往是你的孩子。

孩子的本能会告诉他们,何时我们对他们不满,或何时我们对当下发生的事情不满。如果我们假装自己从来不会犯错,不承认我们的真实情绪的起因,孩子可能会因此出现过度调适的情况——过于相信你说的话,甚至过于相信任何人的话。孩子遇到不把他们的最大利益放在心上的人时,很容易受到伤害。本能是构成自信、能力、智力的一大要素,最好不要破坏或扭曲孩子的本能。

马克在妻子唐妮的建议下,来参加我办的亲子教养研习班,当时他们的儿子托比快两岁了。马克告诉我,他和妻子原本商量好不要孩子,但唐妮四十岁时改变了想法。经过一年尝试自然受孕,又一年做试管婴儿后,唐妮终于怀孕了。

我们历尽千辛万苦才有了这个孩子,现在回想起来,那时我对生活中多了一个孩子会是什么样子竟然一无所知。我想我是受电视影响太深了,我以为婴儿都像电视里演的一样,乖乖地在婴儿床里熟睡,几乎不哭不闹,全家一片和谐美好。

托比出生后,我再也无法像以前一样随性地做任何事情,有了孩子后的生活缺乏色彩,育儿的过程单调乏味,我们俩总要有一个人没黑没白地照顾孩子。这种种变化让我的情绪时而愤怒时而沮丧，有时甚至是既愤怒又沮丧。

两年过去了，我依然不能正常享受生活。唐妮和我之间的话题只剩下托比，即使我想聊点别的，不到一分钟，话题又会回到孩子身上。

我知道我很自私，性格也太暴躁。坦白说，我觉得我和他们母子俩一起生活的日子应该撑不了多久了。

我请马克描述一下他的童年，但他说，他没什么兴趣跟我一起探讨童年，因为他的童年很正常。身为心理治疗师，我把他所谓的"没什么兴趣"解读成他想跟童年保持距离。我猜想，为人父母可能触发了他想逃离的感觉。

我问马克，他说的"正常"是什么意思。他说，父亲在他三岁时就离开了，在他之后的成长过程中，父亲的探望越来越少。马克说得没错，这是"正常"的童年，大部分孩子的童年，父亲都是缺位的。然而，这不表示父亲的消失对他来说无关紧要。

我问马克，他对父亲的遗弃有何感想，他说他不记得了。我试探着问，也许是因为太痛苦才记不起来吧。也许他像他父亲那样离开唐妮和托比会感到轻松，因为这样一来，他就不必打开内心那个积满复杂情绪的盒子了。我告诉他,把那个盒子打开很重要,否则他无法察觉儿子的需要,也会把自己从父亲那里接收到的情绪传给托比。

从他的反应,我无法确定他是否听进了我的话。

六个月后,我在另一个研习班上再次见到马克。他告诉我,他一直很抑郁,但他没有忽视这个状况,决定开始接受治疗。令他惊讶的是,他竟然在治疗师的房间里哭诉父亲离开他的事。

> 心理治疗帮我把情绪摆在适切的地方,也就是说,摆在父亲的遗弃上,而不是下结论说我只是不适合这段关系,或不适合做父亲。
>
> 我仍会感到无聊,心中也还有怨恨,但我知道这种怨恨是过去造成的,与托比无关。
>
> 现在我已经明白把所有关注放在托比身上的意义了,那是为了让他感觉良好,不仅是现在,他未来也会因此而感觉良好。
>
> 我和唐妮正以我们的爱来填满他,希望他长大以后,会有满满的爱可以付出,并因此觉得自己很有价值。
>
> 我和父亲没有任何感情,我知道托比从我身上获得了我从

父亲身上得不到的东西，我们正在为一段深厚的父子关系奠定基础。

明白我做这些事情的意义以后，我的不满变成了希望和感激。现在我跟妻子唐妮更亲近了，我也更喜爱托比，更愿意陪伴他。我多花点时间照顾托比，唐妮也能有更多的时间去思索孩子以外的事情。

借由回顾过往，马克更深入了解了现在发生的事情，也因此修复了他与托比破裂的关系（他原本想要抛弃托比），改变了他对托比的态度。

每个人都是这样，我们必须先释放暗藏在心底的悲伤，才能够释放内心的爱。

● 修复过去

前些日子，一位怀孕的准妈妈问我，如果可以给新手父母一个建议，那会是什么。

我告诉她，无论孩子的年纪多大，他都会以行动来提醒你，你在他那个年纪时所经历的情绪。她听完以后，有点困惑地看着我。

约莫一年后,那个妈妈带着才刚会走路的小孩来找我。她告诉我,当时她没太听懂我的意思,但记住了我的话。等她逐渐适应母亲这个角色以后,她开始觉得我讲得很有道理,那番话也帮她理解了孩子。

你不会清楚记得自己在襁褓时期是什么样子,但在其他层面上你会记得,因为你的孩子会不断地提醒你。

如果在你的某个年龄段,父母离开了你,等你的孩子到了类似的年龄,你也会开始抽离孩子。或者,你在某个年纪开始感到孤单,等你的孩子到了相似的年纪时,你也会想在情感上抽离他。马克就是典型的例子,他不想面对孩子在他身上触发的情绪。

你会想要逃离那些感觉,也想逃离孩子,但如果你真的那样做了,就是把过去发生在你身上的事情也传给孩子。

你有很多好的东西可以传承给下一代——例如你获得的关爱——你一定不想把你承袭的恐惧、憎恨、孤独或怨恨继续传给孩子。有时你会觉得很烦,就像你偶尔对伴侣、父母、朋友或自己也会有类似的感受。只要承认你偶尔会这样想,你就不会因为孩子唤起你内在的情绪,而立刻冲动地去惩罚他们。

如果你像马克那样,发现自己讨厌家庭生活是因为觉得自己被忽视,那可能是源自你小时候也有这种被忽视的经历,遭到父母之中的任何一人或两人共同的忽视。有时这种怨恨给人的感觉更像厌恶,它会导致亲子之间的疏离感。

有些家长认为我用"遗弃"和"怨恨"之类的字眼太夸张了。他们说:"我并不怨恨孩子,有时我只是想独自静一静,我还是很爱孩子的。"

我觉得遗弃就像是一道光谱,在最严重的那端,是像马克的父亲那样抛家弃子,完全抽离孩子的生活。而当孩子想要你陪伴时,你让他走开,或孩子想让你看他的画作时(某种程度上,那是孩子试图向你展示他真正的样子),你只是做做样子,敷衍一下,并没有认真地去看,那也算是一种程度轻微的"遗弃"。

这种想把孩子从自己身边赶走、想让孩子睡久一点、想让孩子独立玩耍以免占用你时间的感觉,会在你不想去理解孩子的时候出现,因为孩子让你痛苦地想起自己的童年。正因为如此,你无法迎合孩子的需要。

你可能会告诉自己,之所以把孩子推开,是因为你想要体验生活的其他部分,例如工作、朋友、追剧、娱乐,但你要知道,孩子这么黏人只是一个阶段的表现,等小孩慢慢长大,不再那么黏人以后,你可以重拾工作、朋友和休闲娱乐,而且未来肯定会有一天,孩子不再需要你,并想方设法远离你。

遗憾的是,我们中的大多数人很难意识到这一点,很难阻止自己把幼时受到的对待继续传给下一代。我们需要注意自己的感受,然后反思。正视自己想要采取的不当的因应方式(以马克的例子来说,是抛下妻子和儿子,一走了之),会让人产生愧疚感和防御心态。但愧疚不是坏事,当我们意识到正在发生的事情时,可以把愧疚转化为庆幸,因为它提醒我们需要改变。

对家长来说,真正重要的是,和孩子轻松自在地相处,让孩子感到安全,让孩子觉得你想要陪伴他。我们的言语也会发挥小小的作用,但更大的作用体现在我们展现出的温情、触碰、善意和尊重:尊重孩子的感受,尊重他们的个性、观点,以及看世界的角度。换句话说,我们需要在孩子清醒时,表达对他们的爱,而不仅仅是在他们安静入睡时才展现出来。

如果你觉得自己每天几乎时时刻刻都想远离孩子,你真正需要远离的,可能是孩子在你身上触发的感觉。为了避免受到那些触发因素的控制,你可以抱着同理心去回顾你婴幼儿时期或童年的经历。这样你就能发觉孩子对你的需求和渴望。偶尔找个保姆来帮你照顾孩子,让你去享受一些成年人应有的乐趣,这也是一种暂时的逃离,但如果这种想要逃离的感觉特别强烈,而且好像随时都在,那你就要好好回想一下你在你的孩子这个年纪时的感受。

- 练习:带着同理心回顾过往

  问问你自己,孩子的哪些行为让你产生最强烈的负面反应。你小时候出现同样的行为时,发生了什么事?

> **练习：来自记忆的信息**
>
> 闭上眼睛，找到你最早的记忆，那可能只是一个图像或一种感觉，也可能是一个故事。在那个记忆中，你最主要的情绪是什么？那个记忆和现在的你有什么关联？那个记忆如何影响你的亲子教养方式？
>
> 切记：你做这个练习时，若是出现任何反应（例如不想有羞愧感，而导致你现在总是坚持自己是对的，宁可牺牲孩子），你应该庆幸自己发现了这个问题，而不用觉得羞愧，或是防御性地立刻撇清，并继续以同样的行为因应那种感受。

如何自我对话

在这个部分中，我一开始就提到，言传不如身教。所以，如果你有自责的习惯，孩子可能也会养成这种有破坏性的习惯。

我最早的记忆之一，是母亲照镜子时总是对自己吹毛求疵。多年后，我在十几岁女儿的面前也做了同样的事情。生性机灵的女儿告诉我，她不喜欢我这样做。我听她这么说以后，想起我自己以前也不喜欢母亲那样。

我们承袭下来的习惯和行为,往往可以从我们自我对话的方式中发现端倪,主要是通过内在那个吹毛求疵的自我。

几乎每个人的心底都有一种持续不断的唠叨或评价的声音,我们已经习以为常了,以至于根本没有注意到它在说什么。那个声音可能是一种严厉的内在批评,让你不断暗示自己:"这不是我这种人应得的。""我不能相信任何人。""我没救了。""我永远做得不够好,还是趁早放弃吧。""我什么事情都做不好。""我太胖了。"或"我真是一无是处。"

对于这种内心对话,你要特别小心,因为那些话不仅会对你的生活产生强大的引导作用,也会影响你的孩子的生活,并影响孩子对自己及他人的判断。

内在的负面声音除了会引导孩子做出有害的判断以外,还会放大低落的情绪,打击信心,使我们感到自己样样不如人。如果你希望孩子拥有幸福快乐的能力,记住,你的自我批评可能是妨碍孩子幸福的最大绊脚石。

童年经历的一切把我们塑造成今天的样子,这是人类发展的基本方式,我们很难摆脱童年的经历。阻止这种内心批判的声音可能很难,但你可以注意观察自己是何时开始自我批判的,每次发现自己这么做时,就肯定一下自己的觉察力。

伊莱恩是两个孩子的妈妈,在画廊担任助理。她很清楚自己的内心总有一个负面的声音:

那个声音通常和"失败"有关。它说我不该尝试某件事，因为那不会成功的……因为我不擅长……因为我会丢人现眼。于是，我开始打退堂鼓，劝自己别做那件事。之后，我又会批评自己缺乏冒险精神、不够努力、没有恒心毅力、太脆弱、对任何事都没有真正的热情或缺乏专业知识。现在跟你讲这些的时候，我都能听到那个声音在我心里说："对，就是这样，那些话都是事实。"

当我思考这个声音可能来自谁时，我想到了妈妈。我觉得很内疚，因为我非常爱我妈妈。我知道她是爱我的，也一直觉得自己获得了很多关爱。但我妈妈很严苛挑剔，总觉得凡事都不够好，非常悲观。她对自己也是这样，从来不接受赞美。你称赞她："这个千层面做得太好吃了！"她只会冷冷地说："没啥味道，奶酪放太多了。"

她把这种觉得凡事都"不够好"的性格也传给了我和妹妹。我们都非常在意失败，还会把失败当成自己一无是处、未来没有希望的证据。有一次，我的法语考了B，感觉就好像世界末日一样。

我妈妈确实会努力表现得积极一些，但是只要一不小心说漏嘴，就会破坏一切的努力，导致前功尽弃。比如，我最后一次试穿婚纱时，从试衣间走出来，我妈妈却咂着嘴，一脸担心的模样说:"好吧,好吧,那天再配上鲜花和面纱,应该还过得去。"她自己的焦虑和不安,可能在无意间给周围的人增加心理负担。

伊莱恩说,她的妈妈虽然内心有个自虐的批评者,但也做对了很多事情(她并不想把妈妈妖魔化)。不过,妈妈就像多数人一样,似乎没意识到她是怎么自我对话的,而且她并没有发现那种自我批判的个性可能传给孩子。

当你注意到自己如何自我对话时,你就会有更多的选择,并决定自己想用哪种方式来倾听那个声音。伊莱恩就是这样学会因应那个内在批评的声音的:

我下定决心不要把这个习惯传给孩子,我不希望孩子像我一样害怕失败,那实在太令人灰心丧气了。

以前我会和那个声音争辩,但是每次都输(此外,争辩也消耗了我太多的精力和注意力)。最近我发现,最好的方法是别理会那个声音。

我把它当成一个难相处的同事看待,我告诉它:"好吧,反正你有权表达意见。"

我试着去做那个声音叫我别做的事情。为了不让孩子失望，我努力克服恐惧，好让孩子知道失败没那么糟糕。尽管那个声音叫我放弃画画，我还是重拾画笔。我不去评判自己画得怎样，而是训练自己去注意我为什么喜欢画画，并找出我最满意每幅画的哪个部分。这样做有一个意想不到的"副作用"——我变得更有自信，不仅对我的绘画如此，对整体的生活也是如此。

我们可以把伊莱恩做的事情分解成几个步骤，就像以下这样：

1. 首先，找出那个声音。

2. 别理会那个声音，也不要和它争论，把它视为一个难相处的人就好。它讲什么，听听就算了，别放在心上。例如，你可以心想："反正你有权发表意见。"

3. 走出舒适区。去做内在批评者说你做不到的事情，你会因此找到更多的自信。当你开始怀疑自己时，就回想你做到的事情。

4. 意识到你把自我批评传给孩子的危险。知道那个危险性，会让你更有动力去注意它。

> **练习：揭穿内在的批判声音**
>
> 随身带着纸笔，记下一天中冒出来的所有自我批判。以前你是否也听过其他人说过类似的自我批判的话？
>
> 想想你想达到的目标，以及你需要采取的步骤。现在注意你如何跟自己谈这件事。你是不是说了什么劝退自己的话？那个声音是不是让你想起某个人？

好父母／坏父母：不要轻易评判

你之所以读这本书，表示你想尽最大努力成为最好的父母。阻止你达到目标的一个因素，是你自己和他人对你的评判。在为人父母方面，我们常给自己打分数，这也是困扰我的问题。

贴上"好父母/坏父母"的标签对我们毫无帮助，因为那些评判都是极端的。我们不可能时时刻刻与孩子和谐相处，即便是出于好意，有时也可能产生适得其反的效果。但因为没有人想被贴上"坏父母"的标签，所以我们犯错时（每个人都会犯错），为了避免被贴上那个标签，我们会假装自己没错。

由于"好/坏母亲""好/坏父亲"之类的标签一直存在，

为了避免被贴上坏标签的耻辱，我们对可能做错的事情往往采取防卫心态，这意味着我们不会去注意亲子关系的不协调，或忽视孩子的情感需求，我们也不会去思考如何改善亲子关系。在人前我们只展现出做对的一面，而把那些做错的事情隐藏起来，以便牢牢守住"好母亲"或"好父亲"的身份。

父母害怕面对自己的错误，其实对孩子毫无帮助。当我们改变行为并修补破裂关系时，那些犯下的错误（例如假装孩子的感觉不重要）是可以弥补的。但如果我们觉得承认错误太丢脸了（而且"坏"标签还会增加那种羞愧感），我们就永远无法纠正任何错误。

让我们别再把"好"与"坏"当成父母的属性，没有人是完全的圣人或彻底的罪人。一个暴躁但诚实的家长（一般人眼中的"坏"家长）可能比一个表面和蔼可亲，但私下沮丧又怨恨的家长更好。

我想进一步建议：就像我们不该评判自己一样，我们也应该尽量避免评判孩子。对孩子做任何评判都无助于让他变得更好，因为在"文静""笨拙""吵闹"等标签的限制下，孩子很难健康发展。

人随时都在改变及成长，尤其是小时候。描述你看到的孩子的具体行为，并说出你欣赏的优点，这样做的效果远胜于笼统的评判。比如，与其说"你的数学很好"，不如说"我很喜欢你做算术题时聚精会神的样子";与其说孩子"画得好",不如说"我很佩服你为这幅画下那么多功夫。我喜欢你画的那栋房子,看起来好像在微笑,让我的心情也跟着好起来了"。

赞赏孩子的努力,描述你看到的东西与感受,并鼓励孩子,而不要做任何评判。描述你的观察,并发现一些具体的特质给予称赞,远比"干得好""太棒了"之类的笼统评语更鼓舞人心,也远比批评更实用。

如果孩子写的作业看起来像鬼画符,乱成一团,但有个字母 P 写得很完美,你只需要说:"我喜欢你把 P 写得那么工整。"下次你会看到另一个完美的字母。

- 练习:不再评判

与其根据你做了什么来评判自己,不如观察及欣赏你做对的事情。 注意这样做给你的感觉有何不同。

例如,不要说"我做的面包很好吃",而是改成"全心全意投入烘焙是值得的"。 不要说"我不擅长瑜伽",而是改成"我开始练瑜伽了,而且比上周进步了一些"。

重点不是那些字眼——我并没有完全禁用"好"或"坏",而是停止评判,或是别把结论说得太死。 这样做对我们自己和孩子的伤害会小一些。

这本书一开始我就把焦点放在你身上,而不是孩子身上,因为孩子是一系列与众不同的基因和环境混合而成的,所以才会那么独特,而你就是那个环境的重要组成部分。

我们如何看待自己,以及我们对孩子的反应负起多少责任,是亲子教养的关键。偏偏这些关键经常遭到忽视,因为把焦点放在孩子及他们的行为上比较容易,去探究我们如何影响孩子,进而改变我们影响他们的方式比较难。而且,不只是我们对孩子的反应塑造了他们的人格特质和性格,他们在环境中看到及感受到的东西,也会塑造他们的人格和性格。

希望我已经说服你,去检视你如何因应孩子在你身上触发的情绪。请注意你的自我对话,注意内在那个自我批判的声音。尽量不要评判你自己、你的教养方式,以及你的孩子。

PART 2

孩子的成长环境

最近,一位律师朋友给我讲了他经手的一个难民家庭的案例。他试着设身处地为他们着想,去了解居无定所是什么感觉,没想到一个孩子突然高声说道:"哦,我们有家啊,只是没有地方安置这个家而已。"

听到那句话,我很感动。那句话一语道破家庭成员之间的爱和关怀,是如何构成一张安全网的,那是每个人不可或缺的东西。

那么,我们如何确保家像避风港一样?这是第二部分想要探讨的主题:如何打造让孩子健康成长的家庭环境。

● 重点不是家庭结构，而是我们如何相处

你和跟你一起生活的人，构成了孩子的环境。孩子如何看待自己，以及如何与他人互动，很大程度上取决于你们的亲子关系以及你周围的小圈子——你的伴侣（如果你不是单亲抚养孩子）、你的兄弟姐妹、你的父母，以及付钱请来的保姆和你的挚友。

注意，你在这些关系中的行为很重要。例如，你会感谢身边的人吗？还是把怒火发泄在他们身上？这些关系对孩子的性格和心理健康的发展有很大的影响。

儿童是一个个体，但他也是整个系统的一部分。一个孩子的系统中，除了有亲密的家庭关系以外，还包括学校、他们的友谊，以及他吸收的文化。所以你应该观察那个系统，并尽你所能为你自己和孩子，把那个系统打造成最好的环境。环境没有必要是完美的，因为完美并不存在。

重要的不是家庭结构——如果你不是小家庭，这是个好消息。家庭结构可以很传统，也可以很另类。父母可以分居，也可以同住，可以住在热闹的社区或偏僻的郊外。父母可以是同性恋、异性恋，也可以是双性恋——这些都不重要。

研究显示，家庭结构本身对孩子的认知或情感发展几乎没什么影响。事实上，在英国，有超过25%的孩子是在单亲家庭成长；这些单亲家长中，约有一半在孩子出生时有了新的伴侣。把他们的财务状况、学历等因素纳入考虑范围后，他们身为父母的表现并没有比传统家庭结构的父母更好或更差。

孩子生活中的人，构成了孩子的世界。那个世界可能是充满关爱的世界，也可能像战场一样纷争不断。努力避免家庭生活偏向战场那个极端，这非常重要。如果孩子总是心事重重，担心自己的安危及归属，他们就无法自由地对广阔的世界展现好奇心。没有好奇心对他们的专注力与学习都可能产生负面的影响。

有一项调查询问青少年和父母是否同意以下说法：

"父母相处融洽是养育快乐孩子的重要因素。"

青少年认同这句话的比例高达70%，但父母认同这句话的比例仅有33%。

这是因为父母或照顾者的关系不和睦时，孩子经历的情感痛苦是成年人看不见的。身为父母，你很难感受到孩子的痛苦。因此，你不会去探究自己的行为是如何导致那种痛苦的。你可能觉得你的做法合情合理，或是觉得你根本无法改变自己的行为。让你观察你和伴侣及其他家庭成员如何互动，你会觉得太难了，甚至感到不知所措。在第二部分，我会针对如何改进你们的关系和互动，提供一些建议。

● 父母不在一起的时候

即使你和孩子的另一位家长分居，只要你以尊重的方式提到对方，那就不会对孩子有负面影响。你们互相欣赏彼此的优点，而不是总强调对方的缺点。我知道有些人会觉得这是不可能的，尤其是经过痛苦的分手历程之后，你们已经到了相看两厌的地步。但在我告诉你这对孩子有多重要以后，你一定会愿意试着去这样做。

在孩子看来，他分属于你们两个人，依附于你们两个人，也是你们两个人中的一部分。如果带他来到世间的其中一人经常被称为"坏人"，孩子往往也会把这种想法加以内化，认为自己也是"坏人"。

此外，孩子都希望忠于父母的任何一方，在父母之间受到拉扯会使孩子左右为难。那么，如何协商离异最好呢？如果父母相互配合，沟通良好，而且孩子在父母离异后仍与双方定期密切地接触，孩子以后的生活会和往常一样，性格也不会变得忧郁或好斗。只要父母之间有明确、积极的沟通，未同住的家长和孩子的亲子关系也会比较融洽。如果父母离异后，其中一方（通常是父亲）渐行渐远，孩子就会感到痛苦、愤怒、忧郁或自卑。

在英国，父母离异的孩子中，有四分之一以上的孩子在父母离婚三年后，就与父亲失去联系了，这种现象着实令人担忧。我知道与前夫或前妻和睦相处并不容易，下面要分享的故事就是一例。

梅尔有个六岁的儿子诺亚。她和诺亚的父亲詹姆斯交往了五年，他们一直分居两地，觉得没必要把彼此绑死。每次聚在一起时，他们都很享受彼此的陪伴。梅尔的故事可能听起来很极端，但是与前夫/前妻在亲子养育上看法有分歧的人，会觉得这个例子有指导意义。

梅尔怀孕时，詹姆斯以为她会堕胎，但她没有。詹姆斯很生气，试图切断两人的关系。现在，他只支付最低的抚养费，而且还是经过令人尴尬的亲子鉴定程序后，他才勉强同意支付的，显然他不想和诺亚扯上任何关系。

我和与詹姆斯有类似情况的人聊过，他们告诉我，他们喜欢原本自由的生活，突然之间要承担养育孩子的责任，改变原本的生活，那令他们感到威胁和害怕。

然而，孩子不是一个物品，而是你生命中的一个重要的人，他可能需要依赖你二十年，他不单只是改变你原本生活的催化剂。如果你从私心看待为人父母这件事，孩子其实是丰富你人生的源泉。

况且，孩子不会因为你忽视他而消失。可悲的是，有些人确实会疏远孩子，仿佛只要假装自己与孩子没有关系，孩子就真的不存在似的。梅尔在这件事上始终保持理智,詹姆斯抛弃了他们母子,但她决定不让诺亚知道。儿子问起父亲时,她总是想起詹姆斯的许多优点和才华,并讲给儿子听。如果将来詹姆斯想重新进入诺亚的生活,梅尔对詹姆斯的正面评价将有助于那个过程。

随着诺亚逐渐长大并提出越来越多的问题,梅尔想要继续那样做越发困难。她担心儿子一旦知道事情的真相,会很在意父亲的遗弃,那可能伤害他的自尊,或扭曲他对男性的看法,甚至对他成年后的行为产生负面的影响。

她想尽力引导诺亚绕过那些陷阱,但即便如此,也不能保证诺亚在今后的人生中完全不受影响。没有什么完美的方案能解决这个问题。好在梅尔有很多充满爱心又关系紧密的家人和朋友,他们在一定程度上为诺亚填补了父亲的缺席。

我之所以提起梅尔的故事,是想说与前夫/前妻建立顺畅、合作的关系很不容易。当其中一方不愿付出时,我们所能做的是尽量不要在孩子面前,甚至包括在自己的内心诋毁对方。

如何使痛苦变得可以忍受

我们希望孩子的生活毫无痛苦,也毫无烦恼。我们当然不希望孩子因为我们不幸爱错人,或因为我们自己的亲密关系出现冲突,而跟着受苦。但是要完全保护孩子不受伤害是不可能的，生活中总是有焦虑、悲伤、困惑和失落。

如何帮孩子把痛苦变得可以忍受？在他们感到痛苦时，陪在他们身边。为了孩子，为了你最爱的人，你需要在场。敞开心胸面对和接纳孩子对你展现的情绪以及感受。

你可能无法帮孩子消除痛苦，但是通过陪伴，而不是否认或推开他们，你就可以和孩子一起度过这段煎熬的日子。

这种贴心的陪伴会使任何事情都变得更能忍受。关于这点，我会在谈感受这一节时详细地阐述（见 P.53）。

● 父母在一起的时候

如果你们是夫妻俩一起养育孩子，你们之间的爱、善意、关怀和尊重，都会增加孩子的安全感。然而，有孩子的人都知道，养儿育女也会给夫妻关系带来压力。你们的生活不可能像以前那么自在，你与伴侣二人世界的时间会减少，自己独处的时间也会大幅缩减，甚至完全消失。你和伴侣的性爱关系会改变，性爱机会变少。你们的睡眠状态也会受到干扰，为了照顾孩子你再也不能睡个整觉。夫妻或家人可能有不同的育儿观念，因此而发生争执。你的工作习惯可能改变，如果你辞掉带薪的工作，那可能会改变你的心态。你的社交生活会受到影响，你和前同事的联系会变少甚至失联。有些朋友看你光忙着育儿会暂时疏远你,等等。

这类变化不胜枚举,以上绝非完整清单。如果你们是新婚夫妻,从伴侣变成家人需要一段时间适应。而且,正当你觉得自己已经适应时,随着孩子的持续成长,情况又改变了。这些变化也会导致你们对彼此及孩子心生怨恨。

对于这种怨恨,承认它是最好的应对方式,即使你只是对自己承认也好。不承认的话,你更有可能为自己发飙的行为找理由,而不是承担责任。

生活从来都不是静止不变的,能够接受、处理、拥抱改变,比抵制改变,试图找回失去的东西更积极有效。当然你还是会偶尔怀念一下过去的生活,但你也需要努力接纳新生活并拥抱它。还记得前面提到的马克吗?他无法接受从二人世界变成三人世界后,生活被搅得混乱不堪。他面对改变的方式,是去追踪怨恨感的来源,结果发现那种怨恨与自己成长的过程有关,并从亲子关系中找到了意义,不再把育儿当作乏味的苦差事。他发现,当他和妻子共同承担及平分对孩子的教养责任时,也让妻子有了更多时间去找回以前的自己,而不是把全部的精力都放在孩子身上。

争论的方法

大多数家庭都会争吵，重点是你如何处理及化解冲突。不要让意见分歧破坏你们的关系，破坏孩子的环境。在和谐的家庭中，家人争吵时，仍会尊重及欣赏彼此，并想办法让自己的意见获得认可，也让自己的感受获得倾听和理解。

现在我们来谈谈争论的基本要点。任何冲突都有脉络，那就是你们争论的主题。此外，还有你对冲突的感受，以及对方对冲突的感受。另外，冲突也有一个过程，亦即你们解决问题的方式。

为了处理分歧，你应该首先弄清你对环境的感受并让对方知道。下一步是了解对方对环境的感受，并站在对方的立场去考虑。如果不考虑彼此的感受，双方会越吵越激烈，开始打起我所谓的"事实网球"——把理由抛向球网另一面的对方，而且理由会越来越多。在这种争论中，双方的目的变成追求得分，而不是找出可行的解决方案。

我举一个典型的家庭纷争的例子：洗碗。洗碗是引发纷争的情境，也涉及了当事人的感受。当争论演变成"事实网球"时，便发生以下的情况：

发球者：问题是，如果你不洗碗，碗盘上的残渣会变硬，那很难洗掉，所以应该饭后马上洗碗。（得分：15∶0）

接球者：白天先把碗盘放在那，晚上再一起洗，节省时间。（得分：15∶15）

发球者：碗盘放着不洗很不卫生。（得分：30∶15）

接球者：反正洗碗时，那些累积的细菌都会杀死。（得分：30∶30）

发球者：脏盘子会招苍蝇。（得分：40∶30）

接球者：现在是冬天，脏盘子附近不会有苍蝇。（得分：40∶40，平局）

两人就这样你来我往地争论不休。当其中一人已经找不出理由抛向对方，而因此被判定"输球"时，双方都对彼此毫无爱意或温情。即使"赢家"感觉良好，那也是以牺牲对方作为代价。

另一种处理分歧和冲突的方式，我称为"你看，那边有松鼠！"或俗话说的"顾左右而言他"。亦即改变话题，不谈正在困扰你的事情。

比如，你看到碗还没洗时，你不必急着处理那个问题，而是说或做别的事情。这样做也许可行，但完全避而不谈就不行了。刻意回避一切冲突，通常也会连同亲密关系一起回避，因为当太多的话题变成禁忌时，两人之间的默契和融洽也跟着失去了。

第三种争论方式是牺牲自己。例如，你回到家时直接说："别担心洗碗的事，待会儿我来洗。"遗憾的是，这种方式往往会演变成这样的状况：牺牲者不仅无法让别人感到内疚，最后他自己也会变得愤愤不平，责怪他人，或是变成迫害者（见下面的例子），开始辱骂他人。

比如，迫害者展开攻击："你连碗都不洗，实在太懒了，你真不讲卫生。"如果你是那个遭到辱骂的人，你一定会想要反击。

这三种处理冲突的方式都无法营造出和谐的家庭气氛。冲突导致孩子处于警戒状态，威胁到他们的安全感，也使他们对世界缺乏开放的心态和好奇心。他们的精力和注意力会切换成某种紧急应对模式。

那么，什么才是理想的争论方式呢？

处理意见分歧时，一次只解决一个议题，想想争论的焦点究竟是什么。别把怨气憋在心里，而是一次讲个明白。从那个问题带给你的感受开始讲起，而不是先攻击或责备对方。让我们回到洗碗的例子上——

你可以这样说："我早上洗碗后，晚上回家看到又有一大堆碗盘堆在那没洗，我觉得很难受。如果你白天就把碗盘洗干净，我会心情舒畅一些。"

理想的争论不是以获胜为目标，而是在追求理解。对方可能会回应："哦，亲爱的，对不起，我不想让你不开心。我今天事情太多，忙着处理，没顾上洗碗。我知道下班回家看到一堆脏碗盘很刺眼。"听到这样的话，第一个人可能会回应："我理解，你最近确实太忙。没关系，现在你来洗，我来擦干，好吗？"

争论时，有一个很好的经验法则：使用"我陈述句"，而不是用"你陈述句"。

例如，你可以说："你刷手机时，都不回我的话，我觉得很受伤。"而不是说："你刷手机时，都不理我。"人们大多不喜欢被别人定型或归类，尤其是负面的类型。如果你只是描述你听到或看到的东西给你的感受，你是在谈论自己，这样对方就比较容易听进去。

当然，没有一种抱怨方式是保证"有效"的。也就是说，没有一种抱怨可以确保你得到你想要的东西。但良好的互动不是为了操纵对方，而是为了培养和谐的关系。开诚布公地表达你的感受及需求，将有助于双方有效沟通。

使用"我陈述句"，而不是"你陈述句"；承认自己的感受，了解及承认对方的感受，通常是处理家中无可避免的分歧的最好方法。这样做会增强孩子的安全感，减少家人间的怨恨，促进理解。孩子有了你们做榜样以后，将来更有可能效仿这种相互尊重及高情商的争论风格。

分歧出现的一个原因是,一个人认为自己遭到对方的故意攻击,但其实他想错了。下面的例子发生在一个典型的家庭中(我称之为传统家庭)。

约翰尼是二十二岁的学生,正打量着父亲的旧皮衣。他说:"爸,你都六十岁了,不会再穿这件衣服了吧,可以给我吗?"

他的爸爸基斯是位教师,刚结束一天疲惫的工作回到家。他教的学生和儿子同龄,他总觉得自己跟不上他们的节奏了,感觉自己老了。约翰尼刚刚说的话恰好踩到他的雷区,基斯不禁提高音量说:"你想干吗?我是年纪大了,你就不能等我死了再拿走我的东西吗?"

约翰尼觉得自己被骂得莫名其妙,就好像无缘无故被卷到了台风中心。"天哪,我只是随口问问,你为什么发这么大脾气?"

"我不是对你发脾气,我只是不喜欢别人把我当成要死的人看待。"

这不是多么严重的争论，我相信基斯会想办法结束这场口角。比如，把皮衣扔向约翰尼，并对他说："拿去吧！"约翰尼可能回答说："我现在不想要了，还是你穿着这件衣服进棺材吧。"然后两人互相拍拍肩膀，笑着和解。但是如果他们不明白这次争论的深层原因，他们还是会感到有点受伤，类似的事情还是很可能再次发生。

所以，让我们假设他们之间有个明智的调解者，借此理清当下的情况。

"我儿子就是盼着我早点挂掉。"基斯说。

"我才没有！我只是觉得那件皮衣不错，想问他要来穿。"约翰尼说。

"那是一回事。"基斯说，但同时他也意识到那不是一回事。

调解者说："那不是一回事，但是今天对你（基斯）来说感觉是一样的，约翰尼不可能知道你的想法。你（基斯）觉得自己受到攻击了，但约翰尼没意识到这一点，所以他觉得你的反应莫名其妙，于是他做了反击。"

约翰尼说："我确实是那样想的。"

基斯沉默不语，调解者对他说："你感觉自己受到攻击，并不表示你真的受到攻击了。"

"他说我都六十岁了，意思是我年纪太大了。"基斯抗议道。

调解者说："对，他把自己的感受隐藏在事实背后了。这个习惯是他从小养成的，你们家可能经常会打这种'事实网球'。对于你来说，你无法接受自己六十岁了这个事实，所以你想抓住青春的象征，比如那件皮衣。这样想没什么不对，如果你真的这样想，直接说出来就好。"

新版的对话可能是这样的：

"我喜欢你的皮衣，可以送给我吗？"

"让我想想……看得出来你很想要那件皮衣，但我还没有准备好送出去。没错，我可能再也不会穿它了，但我需要一点时间来接受'我已经老了'这件事。目前，保留这些年轻时穿的衣服，对我来说是一种心理安慰。"

"抱歉，我跟你要皮衣，让你想起你的年纪。"

"哦，别担心，我确实需要提醒。我是感觉自己有点老了，不太懂一些学生在搞什么。"

"你说说看。"

"我才刚搞明白自媒体是什么玩意儿,但他们对我说'向左滑'是什么意思?"

"来,我演示给你看。"

- **练习:拆解争论**

想想上次你和关爱你的人意见不合的情景。先不要纠结谁对谁错,试着像约翰尼和基斯的调解者那样拆解冲突的情况。接着,像前例所示,以后设模式①进行沟通,并解析每个角色的感受。然后,扮演明智的调解者,思考如何改变争论中的对话,以及如何让对话变得更正面。

下面是一份摘要清单,当你谈论棘手的议题,或感到恼怒,或觉得你和对方快吵起来时,请记得以下几点:

1. **承认自己的感受,也考虑对方的感受。**也就是说,不要坚持自己是"对的"、对方是"错的";不要坚持自己"很聪明"、

---

① 后设模式是通过明确对方下意识中的某个具体信息的来源,帮助对方解决问题并摆脱束缚的一种重要手段。——编者注

对方"愚不可及"。一个人老是坚持自己是对的，那是对一段关系或一个家庭最大的耗损。与其想着谁对谁错，你更应该思考你们各自的感受。

2. **定义你自己**，而不是定义别人。所以要使用"我陈述句"，而不是"你陈述句"。

3. **不要反应**，而是反思。你不必在每次反应之前都先反思（我不是主张你放弃所有的自发性），但是如果你现在感到恼火或生气，我觉得暂时停下来了解原因是个好主意。如果基斯在上述例子中那样做，他会意识到，儿子向他要皮衣时所触发的怒火，其实不是儿子造成的。

4. **接纳你的脆弱**，而不是害怕示弱。在上述例子中，基斯意识到自己害怕变老，他想以愤怒来掩盖那种恐惧，而不是展现出脆弱。但是唯有展现脆弱，敞开心扉接纳自己，才可能培养亲近的关系。

5. **不要径自认定他人的意图**。不要设想太多或是把自己的想法硬套在他人身上，想办法了解对方的感受，如果你误解对方了，就坦然承认。了解自己及对方的感受不仅是良好协商的基石，也是健全关系及同理心养育的基础。开启这种互动永远不晚。我发现，当父母能做到上述五点时，亲子关系的模式通常会迅速改善。

● 培养善意

在夫妻之间或家庭之中，能够顾及彼此的感受，需要大量的善意。如果你觉得自己在这方面特别欠缺，那就要好好加强。

怎么做可以培养善意呢？有两种方式：

1. 回应对方寻求回应或关注的请求；

2. 在对方身上寻求慰藉，而不是把对方视为对手。换句话说，就是要合作与协作，而不是竞争。

1986年，心理学家约翰·戈特曼（John Gottman）和同事罗伯特·利文森（Robert Levenson）在华盛顿大学建立爱情实验室。其中一项实验是要求夫妻谈论他们的关系：讲述一次意见分歧、彼此相识的经过，以及共同的甜蜜记忆。

这些夫妻谈论这些事情时，研究人员在他们身上装了传感器，以测量他们的压力程度。

每对夫妻表面上看起来都很平静，但压力测试的结果完全不是那样。只有几对夫妻确实很平静，多数夫妻心跳都很快，大量冒汗，而且基本都表现出"战斗或逃离"的迹象。

不过，真正令人意外的结果，在六年后的后续研究中揭晓。当年测出压力大的夫妻，六年后要么是已经离异，要么是关系生变,戈特曼称那些夫妻是"灾难型夫妻"。当年受访时毫无压力迹象的人,他称之为"美满型夫妻"。

资料显示,灾难型夫妻彼此都觉得对方是一种威胁——更像是对手,而不是朋友。

戈特曼对数千对夫妻做了长期的研究,结果发现,夫妻双方的压力指数越高,离"灾难型"越近,离婚或失和的可能性越高。

那么,这些研究结果意味着什么?伴侣在身边让你感到压力越大、威胁越大时,你越有可能以敌对或冷漠的态度对他。当你们的关系是建立在压过对方、计较谁输谁赢、谁对谁错的基础上时,你对伴侣怀有的是敌意,而不是善意。那是关系的恶性循环。

在我们的文化中,胜人一筹是很常见的相处方式,甚至连广告都在宣扬让目标客户觉得自己比其他人更优秀(这种广告的效果仅次于让目标客户感觉自己充满魅力)。

相反,夫妻在一起感到平静及舒服时,这使双方更有可能对彼此展现温情和深情。

戈特曼做了另一个实验,观察一百三十对夫妻在度假屋中共度一天。他发现,夫妻在一起时,会向对方提出回应的"要求"。例如,其中一人正在阅读并说:"你听听这一段。"如果对方放下手边的事情专心聆听,那个人提出的回应要求就获得满足了。这种回应,是支持或感兴趣的表示。

回应一个人的要求可以满足他的情感需求。戈特曼发现，那些六年后（在后续实验中）已经分开的夫妻，平均只对伴侣十分之三的要求做出回应。这些日常的微小互动可以产生善意和互惠效果，少了它们，关系就无法维持下去。所以，和谐伴侣关系的关键，在于积极回应及表示兴趣。这个道理不仅适用于夫妻关系，也适用于所有关系，尤其是亲子关系。

除了回应对方寻求关注的要求以外，还有一些事情也可以培养善意（或破坏善意）。你可以在伴侣、家庭成员、孩子的身上寻找他们值得欣赏的特质。或者，你也可以在他们身上寻找缺陷和错误。你可以表达你的欣赏或批评，你会越来越了解对方喜欢听哪种话。好消息是，善良的品格是会感染的。如果你是单向对伴侣展现善意，研究显示，伴侣也会感染你的善意，而随之展现出善意。

如果你的天平是失衡的，想办法让那个天平从批评对方，转为找出对方值得欣赏的特质。这样做不仅对伴侣关系或家人关系很重要，对你的生活也很重要。

我从小成长的家庭比较偏重批评，而不是欣赏，我必须努力改变这一点。

展现善意不是自我牺牲或缺乏自信的象征。善意不是指你生气时不表达自己的感受，而是你会说明你的感受及原因，但不会责怪或侮辱对方。

当有人对你说过或做过的事情感觉难过时，即使你是无意的，你还是应该倾听及确认对方的感受，而不是反驳或狡辩。

我们需要谨记一点：每个人对相同的事情有不同的体验。别人的体验和我们不同，并没有错。个人体验的差异需要彼此尊重，我们不该争辩谁对谁错。

市面上有很多建议。有些建议告诉你，不要为了家庭和人际关系中的小事而烦恼。有些建议恰恰相反，他们让你在问题变大以前趁早解决。我认为，我们该锁定的主要目标，是去理解对方的感受。即使彼此的感受不同，我们也应该去体会对方的想法，并希望对方也能反过来理解我们的感受。每个人都会因为获得他人的倾听、理解、共情而受惠。把这件事情变成家中的首要任务，那会让你的家成为孩子最温馨的港湾。

- **练习：注意对方提出的关注要求**

多注意家人对你提出的关注或回应的要求。可能的话，最好马上回应那个要求，而不是置之不理。不管那个要求是来自伴侣、父母或孩子，都要这样做。人际关系非常宝贵，回应对方的要求是维系关系的一大关键。

虽然我们是个体，但我们也是系统的一部分，是环境的产物。就像我在第一部分所说，我们可以做一些事情来改变这个系统和环境，让它成为更适合孩子成长的健康安全的所在。

PART 3

回应孩子的感受

为人父母比任何事都更能教会我们这个道理：人类是先有感觉，之后才动脑思考的。婴儿与儿童特别重视感受。你如何因应及回应孩子的感受很重要，因为人类无论老幼，都需要生命中的重要人物来关注及了解自己的感受。

婴儿纯粹是凭感觉生活，你可以说他们就是感觉的动物。我们不一定能了解婴儿的所有感受，有时我们需要安抚他们好一段时间，他们才会觉得获得安慰。你必须投入全部的关爱，才能为孩子未来的情感健康打好基础。如果你在孩子刚出生的那几年认真对待他的感受，孩子会逐渐知道，即使当下的感觉不舒服，情况也会好转，尤其当他知道自己可以跟有同理心的人分享感受的时候。

你敏锐地回应孩子的感受时，可以引导孩子和他的感受建立一种健康的关系，无论是什么感受——从极端的愤怒和悲伤，到满足与心平气和，再到兴高采烈及慷慨大方的振奋感都包含在内。这是心理健康的基础，也因此第三部分可能是全书最重要的部分。

● 学习如何包容感受

忽视或否认孩子的感受，对孩子未来的心理健康有害。我们身为父母，可能并没意识到自己正在做这种事，又或者，我们认为这样做最好。别人感到难过时，尤其是自己的孩子感到难过的时候，否认他的感受是我们习惯做出的反应。

我们都不希望自己深爱的人感到难过。敞开心扉去接纳他们的不快乐或愤怒，可能会让你感到危险和不安，好像你是在鼓励那种感受。但是，感受遭到否定时并不会消失，它们只是躲起来继续恶化，未来再冒出来制造麻烦。想想看，什么时候你需要喊得最大声？就是无法获得倾听的时候。感受是需要获得倾听的。

我不希望你为以前对孩子的感受所做的反应而难过，但我确实想强调：肯定、认真对待、确认孩子的感受非常重要。

导致成人抑郁症的最常见原因，不是现在发生在成人身上的事情，而是因为他们在童年时期，没有从亲子关系中获得安抚。孩子得不到理解与安慰，还被告知不要想太多；孩子独自哭着入睡，或独自生闷气时，随着情感失调的次数逐渐增加，他们忍受不愉快或痛苦情绪的能力也会变得越来越差。就好像一个容纳痛苦情绪的空间，当你把太多的情绪硬塞进空间时，很快就溢出来了，再也无处可塞。

当我们的感受总是能获得父母的抚慰时，无论那是什么感受，我们长大以后都会乐观地看待它，未来也不容易陷入抑郁或焦虑。没有什么方法可以保证一个人不罹患心理疾病，但是经常接收以下的信念确实有帮助：

无论我们有什么样的情绪，总是有人接纳我们；无论我们感觉有多糟，一切总会雨过天晴。

切记，所有的父母都会犯错，重要的是纠正错误。如果你曾经以为，让孩子感觉好起来的办法是假装没注意到他们生气或不高兴，那么现在，可以改变你面对孩子的感受时所做的反应，让他们感觉自己获得关注与聆听。当你开始以这种新的方式行动时，一开始可能会有些别扭，久而久之就会变成你的习惯性反应。

首先，想想你过去如何回应孩子的感受。回应的方式主要有三种，你回应孩子感受的方式往往和你回应自己感受的方式很相似。你可能在这三种方式之间切换，视情绪或情况而定。

压抑

如果你是压抑的人，遇到强烈的感受时，你的自然反应是推开那些感受并说："嘘！安静！"或是说"别大惊小怪了，没事没事"，或"勇敢一点"。

如果你认为孩子的感受不重要，以后他们不可能再和你分享任何感受。

反应过度

另一个极端表现是你非常同情孩子，变得跟孩子一样歇斯底里，陪着他一起哭，仿佛那是你的痛苦，不是他的。这是家长很容易犯的错。例如，你刚送孩子上幼儿园的头几天，你们都还不习惯那样的变化。

如果你这样全盘承接了孩子的感受，孩子以后也会不愿意对你表达任何情绪。他会认为他给你造成太大的负担，或者你过于融入他的情绪干扰了他。

包容

包容是指你可以肯定及确认你的所有感受。你认真看待一种感受，但不过度反应，只保持克制和乐观。

你会说："哦，亲爱的，你看起来不开心，需要拥抱吗？过来让我抱一下，我会陪着你，直到你感觉好一点。"

如果孩子知道他会获得你的关注及抚慰，但不会遭到指责，他更有可能告诉你发生了什么事。孩子所需要的，是父母成为包容他们感受的容器。这是指你陪在他身边，了解并接纳他的感受,不会觉得他的感受令你产生压力。这是心理治疗师为客户做的事情之一。

包容是指看到孩子的愤怒时,理解他为什么愤怒,帮他用言语表达出来,并为他找到可接受的方式来表达愤怒,不让他受到愤怒的惩罚或被情绪压垮。对其他的情绪也是如此。

每个人因童年的经历不同,各自的情绪习惯也各不相同。那取决于我们在成长过程中把情绪和什么东西联想在一起。如果你成长在一个冲突不断的家庭中,你可能对提高嗓门或大吼大叫习以为常了,甚至还觉得打是疼,骂是爱。相反,如果你成长在一个回避冲突的家庭中,你可能对愤怒深感害怕。如果你在成长过程中感觉自己受到操纵,你可能会对温暖和关爱感到不信任或不安,因为你担心那可能是别有用心。

- **练习:你接受自己的情绪吗?**

这个练习很适合用来观察你对情绪的常见反应,包括你自己的情绪和孩子的情绪。

每次只观察一种情绪,你可以观察恐惧、爱、愤怒、兴奋、内疚、悲伤、快乐。你平时习惯流露哪种情绪?哪些情绪让你觉得不安?你更容易控制哪种情绪?如果是别人对你表露的情绪呢,或是你在别人身上看到的情绪呢?

> 我们都需要情绪，即使是令我们感到麻烦的情绪也是必要的。你可以把那些麻烦的情绪想成汽车仪表板上的警示灯。油箱的警示灯亮起时，你的反应不该是把警示灯拆掉，使它无法再闪烁，而是赶快为汽车加油，让它顺利行驶。对待情绪也是如此，我们应该尽量不去忽视它或压抑它，而是关注它，通过它去找出我们需要什么，并把握机会去争取。

● 确认感受的重要

我们所做的每件事、每个决定，都掺杂着感受。我们如何管理自己的感受，会影响到孩子学习管理他的感受。感受和本能是紧密相关的，如果我们否认孩子的感受，那可能会削弱他的本能。

孩子的本能可以增强孩子的安全意识。例如，在畅销书《如何说孩子才会听，怎么听孩子才肯说》（*How to Talk So Kids Will Listen & Listen So Kids Will Talk*）中，作者提到一个孩子的故事。她和朋友一起去当地的游泳池，但很快就回家了。她母亲问道："你怎么那么快就回来了？"女儿解释说，泳池边有个比她们大的男孩想假装成小狗舔她们的脚。她的朋友们都觉得很好玩，但她觉得很恶心。我相信，她的朋友们很可能是被父母训练成对某些事情不做反应，她们的父母可能以前常对她们说:"别闹了,别大惊小怪。"而不是鼓励她们认真看待自己的感受。如果是这样,那可能危及她们的安全。

我们很容易忽视孩子的恐惧,例如尝试新食物的恐惧。如果我们只是呵斥孩子"别闹了",而不是认真聆听他们的感受,孩子可能以为自己真的是在胡闹。

你也许会想,"天啊,为了确保孩子安全、吃饱、保持干净,我需要做的事情已经够多了。这还不够辛苦吗?现在我还需要费心体会孩子的感受吗?"我想告诉你,尽管我很讨厌"秘诀"和"生活窍门"之类的东西,但如果亲子教养真的有秘诀可言,那就是这一个:不要和孩子争论他的感受。

比如,你八岁的孩子说:"我不想上学。"当你赶时间、有自己的事情需要忙时,你很容易脱口说出:"你必须去,就这样!"但如果你说:"你真的不想现在去上学,是吗?"孩子比较容易听进去。这样说可以启动亲子对话,而不是终止对话。

我们往往会迅速否定孩子的感受。比如,我们经常很忙,在出门前常一把抓住孩子,试图帮他穿上外套,但孩子不喜欢你那样做。于是,我们要求他自己穿上外套,但这时他已经打定主意不穿了。所以,你看,不如先花时间尊重孩子,肯定他的感受。也就是说,不要一把抓住他让他快穿外套,而是提醒他穿上外套的时间到了,接着观察、倾听和体会他的感受。如果他拒绝穿外套,你可以说:"你怕热,所以才不想穿外套是吗?那我们待会儿到外面,你觉得冷时再穿。"如果你早上时间很紧,那就早点起床,多留一点时间来尊重孩子的慢节奏及肯定他的感受。这样一来,生活就不会像打仗一样了。

一位名叫凯特的母亲告诉我,她的孩子皮埃尔两三岁时,每天都会因为一些事不开心,而大哭好几次。

那些事情对我来说都是无关紧要的小事,比如下雨天,他摔了一跤,或是我告诉他,他不能在动物园和企鹅一起游泳。我也会试着去理解,因为我知道,对我来说微不足道的事,对孩子来说可能跟天塌下来差不多。但他四岁时还是这样,我开始担心皮埃尔永远无法培养挫折耐受力和适应能力,也觉得自己对他太温和了。也许我应该告诉他,他是在小题大做。但我没有那样做,因为我想起我小时候,父母经常骂我"胡闹",让我走开,或斥责我"别那么幼稚,要懂事"。

现在皮埃尔六岁,我发现他已经能连续好几天不哭了。以前那些让他哭得稀里哗啦的问题,现在他都懂得自己处理。他会说:"妈咪,没关系,我自己能想办法解决。"或者说:"我膝盖痛,抱我一下吧,一分钟以后就不痛了。"那种变化是在不知不觉中逐渐发生的。我很高兴我持续接纳了他的感受,让他得到安慰。

尽管当时那样做看起来非常耗心力，凯特还是选择了最合宜的方式。当我们责备孩子哭闹时，我们就给了孩子两个哭闹的理由：一个是最初让他感到难过的事；另一个是父母生气了，而他们还是控制不住自己的情绪。

你应该坚持安抚的理念，去感受孩子的情绪，而不是急着去处理。如果你认真看待孩子的感受，并在孩子需要时给予抚慰，他们将逐渐学会内化那种抚慰，以后就能够自我化解。

如果你成长的过程中，每次感到难过时，情绪都遭到否定，你很容易以同样的模式对待自己的孩子。有一种阻止你犯这种错误的方式，就是像凯特那样，回想你以前难过的时候，大人的反应使你为自己的负面情绪感到更加难过。难过是人之常情。如果你曾经因为难过而遭到斥责，成年后也会对此耿耿于怀，当你现在遇到难过的事情哭泣时，可能会不自觉地为自己的反应道歉。

不管你的情绪有多强烈，接纳自己的情绪是控制及安抚孩子情绪的关键。如果你认为自己的情绪不重要，你就无法充分包容孩子的情绪。如果你变得歇斯底里，你连自己的情绪都无法掌控，更遑论接纳孩子的情绪。

你需要练习处理自己的情绪，不是去压抑情绪或彻底爆发，而是承认你的感受，并想办法安抚自己或接受周围人的帮助。

养成谈论感受的习惯也很重要，包括你的感受和孩子的感受。随着孩子日益成熟，大脑更趋向逻辑思考，这并不是说孩子会因此变得非常理性，人类永远是感性导向的，但孩子可以学会运用图片、绘画、语言来表达他的感受。通过这种方式，他们开始学会掌控情绪，而不是任凭情绪摆布。

如果孩子因为你不准他在午餐前吃冰激凌而哭泣，你理解他"难过"的感受并不意味着你妥协了，允许他吃冰激凌。其他事情也是如此，不是让你因为孩子不开心就放弃工作，不送孩子去保姆家，或屈服于孩子表达的任何不满。我只是建议你认真看待孩子的感受，你做决定时也会考虑到他的感受，你借由确认及了解他的感受帮他化解不适，而不是立刻否定他或转移他的注意力，也不是逃避及疏远孩子。

对于那些你不希望孩子抱持的感受（例如讨厌兄弟姐妹或不想去探望奶奶），一开始你可能会觉得确认那些感受有风险，会助长孩子的不良习惯。慢慢你会发现，当孩子觉得自己获得关注与理解，他就不再那么想抗议和哭诉了。

汤姆·博伊斯医生（Tom Boyce）在2019年1月出版的《兰花与蒲公英》（*The Orchid and the Dandelion*）一书中谈到，1989年加州发生大地震时，他和同事正收集资料以了解入学对儿童免疫系统的影响。起初，研究人员觉得很沮丧，因为这种额外的压力（地震后的复学）来源破坏了他们原本的研究，但后来他们决定利用这个机会来研究地震对儿童免疫系统的影响。

他们寄给每个孩子一盒蜡笔和一些纸,请孩子"画地震"。有些孩子画出那场灾难中快乐的画面,有些孩子的图画则展现出较多的悲痛,并画出地震的可怕之处。你觉得哪一组孩子的状况比较健康?那些画出快乐、乐观图片的孩子,远比画出恐惧、火灾、死亡、灾难的孩子患呼吸道疾病的概率更高。博伊斯医生认为,这意味着人类通过讲故事、创造艺术来表达自我的方式(这是由远古时代流传至今的人类特质),是一种勇于面对恐惧的方法,因为我们对那些可怕的事物表达的感受越多,渐渐地它们就变得没那么可怕了。表达悲伤虽然痛苦,但我们每次把悲伤表达出来后,悲伤或多或少都会减少一些。

在书中,博伊斯医生谈到为什么有些孩子特别敏感,以及环境如何对他们产生很大的影响。他称那些孩子为兰花,其他的孩子先天比较坚韧,他称那些孩子为蒲公英。我无法知道你的孩子究竟是蒲公英,还是兰花,但兰花孩子的感受如果能获得倾听,会对他的性格有所改善。父母敏锐地关注兰花孩子的感受很重要。每个人,无论是蒲公英还是兰花,都能从感受获得关注、认可及理解中受益。

下面的案例是一个兰花孩子的故事,他名叫卢卡斯。他的父母和现在的多数家庭一样,两人都需要上班。如今,没有多少家庭能享有一个家长全职待在家里陪伴家人的幸福,而且如果全职待在家里不适合你的性格，你也会感到不满足。孩子喜欢快乐的父母陪在身边，而不是忍痛无奈在家陪伴孩子的父母。所以我并不主张一个家长必须待在家里，我主张的是让孩子自由表露对世界、对家庭的感受，不要否认那些感受。因为孩子获准表达所有的感受，而不只是合宜的感受时，孩子更有能力享受快乐。

如果博伊斯医生 1989 年对地震研究的诠释是正确的，孩子能够表达感受而且感受又获得倾听与理解时，他们的免疫系统也更强。我们迫切希望孩子过得快乐，却又因为太爱他们，而陷入否认孩子感受的陷阱。我希望博伊斯医生的研究及下面的故事可以提醒大家，那不是明智的做法。

● 否认孩子感受的危险

安妮丝与约翰都是热情善良的人，他们深爱彼此，也深爱十岁的儿子卢卡斯。夫妻俩各自开了一间小公司，非常努力地建立声誉，吸引客户。他们买了一所公寓，这笔投资可以作为未来保障的一部分，但他们依然觉得财务状况不是那么安稳。

卢卡斯很小就上幼儿园了，但从未适应幼儿园的生活，所以父母连续雇用了几位互惠生（aupair）① 来照顾他。以他们的经济能力，他们只能请互惠生来照顾孩子，别无其他选择。互惠生会带卢卡斯上学，接他回家，学校放假时，他们也会来陪伴他。没有互惠生照顾时，朋友和卢卡斯的奶奶会帮忙照顾卢卡斯。每到周末一家三口都会在一起，卢卡斯看起来也很快乐。他们夫妻俩工作时总是惦记着卢卡斯，随时想着他，期待看到他，但他们下班回到家时，卢卡斯已经睡着了。如果卢卡斯要求他们多陪陪他，他们会答应周末带他出去玩。卢卡斯似乎也觉得这样不错。

的确，卢卡斯看似不错，但十岁时，有一天他试图从六楼的窗户跳下去。他之所以被及时拦住，是因为约翰刚好忘了东西，回公寓来拿，看见这一幕，才设法把他拉了回来，当时互惠生正好在厨房里洗碗，根本没注意到。我知道这个案例听起来很吓人，而且我要强调，像卢卡斯这样过得很幸福却企图自杀，是很不寻常的现象。

卢卡斯的父母知道这个事的严重性，都停下工作来陪他，他们不知道卢卡斯的心里那么痛苦。约翰告诉我："我想，我们只看到我们想看的东西。"

---

① 互惠生是最早起源于英、法、德等国的自发的青年活动，旨在给来自全世界的青年提供一个在别国的寄宿家庭里体验文化和学习语言的机会。——编者注

约翰也不确定要不要让孩子服用家庭医生推荐的抗抑郁药。他直觉认为，以药物麻痹卢卡斯的感觉对他似乎并不好。

他决定带卢卡斯去看私人治疗师。有时卢卡斯独自去，有时是和父亲或母亲一同前往。卢卡斯向治疗师透露，以前每到过节时，父母就把他送到朋友家，接着又把他送到奶奶家；回到家以后，他又是和互惠生在一起。他觉得自己好像是个累赘，因为他经常听到父母打电话安排别人照顾他，那些安排听起来似乎很麻烦。他知道父母爱他，因为他们是这样对他说的，但他很难感受到父母的爱。他说："我像个皮球一样被踢来踢去。"

他告诉治疗师，有时他刚刚喜欢上一个互惠生，但没多久那个互惠生就离开了，换另一个来。他觉得很难过，因为他明明很喜欢其中几位互惠生，却开始忘记他们。他想，他们一定也忘记他了。

他不记得自己是从什么时候开始感到难过的，他甚至不知道自己有难过的感觉。当他想告诉父母他的感受时，他们很难听进去，他们会试图分散他的注意力或让他开心起来，或干脆否定他的感受。

为人父母最希望孩子快乐，所以孩子不快乐时，我们会想要说服孩子和自己：他们很快乐。

这样做可能在短期内让我们感觉好一些，但孩子会觉得没人聆听，受到忽视，内心孤寂。

约翰：以前，如果卢卡斯说他不开心，或是看起来闷闷不乐，我会说："别难过宝贝，爸爸周六带你去动物园。"或者"爸爸会买个新的游戏机给你"之类的话。从治疗师的沟通中，我们发现，卢卡斯觉得我讲那些话是在责备他。我很想说："我不是那个意思！"但治疗师温和地阻止了我，请我先认可卢卡斯说的话。

卢卡斯说，他每次放学回家时，我都不能陪在他身边，他很难过。我觉得如果我要是认可这种说法，会让他更加难过。那等于是在强化他的认知。

但卢卡斯试图自杀这个事让我们心惊肉跳，也算是一个警报吧，我想我们确实需要改变，所以我照着治疗师的话做了。卢卡斯说他感到难过时，我试着问他那是什么感觉，他是否知道原因。当我接纳他的感受时，他觉得自己获得了倾听，而不是被推开。结果挺让人吃惊，我发现这么做之后，孩子确实感觉好多了。

我们也学到，光是告诉卢卡斯我们爱他是不够的。我们需要让他知道，他在我们心中占据最重要的位置。我们对他展现关爱的方式，应该是多花时间陪伴他，而不是光在Skype（即时通信软件）上跟他说"晚安"，或偶尔周末带他出去玩。

我特意暂停工作，在家陪伴卢卡斯一个月。我们一起玩耍、看动画片、去看治疗师。卢卡斯的话不多，但只要他一开口，我都会注意听。治疗师教我认真倾听，先不要想着修复什么，那个月我努力照着治疗师的方法去做了。

现在卢卡斯复学了，我们夫妻俩确保至少有一个人要在下午六点以前回到家，保证孩子每天晚上有两个小时的时间和父母在一起。我们一起做晚餐，一起出去玩，或一起看电视。那两个小时我们都约定好不看手机，只关注彼此。

———

对安妮丝来说，要做到这一切更困难些。她一直很内疚，因为自己以前竟然没意识到卢卡斯的痛苦感受，她很害怕失去卢卡斯，也怕他伤害自己。

可惜，父母的内疚对父母本身及孩子来说都毫无帮助，唯有认错及改变才有帮助。我会在本书中不断地强调：没有人是完美的，每个人都会犯错。重点不是错误本身，而是我们如何改正错误。导致亲子关系及孩子心理健康出问题的裂痕，只有在不修复时，才会变成问题。我也想要强调，治疗师和卢卡斯发现，问题不在于父母都去上班这件事，而是这令他感到非常孤单。就像那些经历地震的孩子一样——不是地震让一些孩子容易生病，而是当孩子不能充分表达他们对灾难的感受时，免疫系统比较脆弱。

我认为安妮丝的内疚可能与传统的性别角色有关,她觉得自己比约翰更有责任照顾卢卡斯。当然,父母对孩子的责任是一样的,但我们很难摆脱世代相传的传统观念,这不表示那些观念是对的。这些事情需要讨论,以免家庭成员之间观点不合。

我希望安妮丝将来能够感觉更好,因为她和约翰已经意识到他们的做法对卢卡斯的感受所造成的影响,他们也已经改正了。夫妻俩都学会了如何确认自己的感受,现在他们很乐于为卢卡斯这么做,也乐于为自己及伴侣这么做。

谢天谢地,多数的孩子不会想要自杀。但家长千万不要等到警报出现(比如孩子在学校惹是生非、发怒、自残、忧郁或焦虑),才想起每天向孩子证明你把他放在心上,你很认真看待他的感受。你可以鼓励孩子画出或说出感受,然后接纳他的感受。你要让孩子知道他的感受很重要。

言语的效果是有限的,行为可以让效果进一步发挥。爱无法委托他人来表达,有些育儿工作可以请人代劳,但爱无法代劳。此外,爱也无法延迟给予:它无法等到周末再给,孩子每天至少都需要从一位家长身上获得爱。

儿童精神科医师兼精神分析学家唐纳德·温尼考特(Donald Winnicott)观看孩子玩捉迷藏时发现,"躲藏起来是一种乐趣，但没人发现自己时却是一种灾难。"生活也是如此。成年及童年时期，我们可能都喜欢藏匿一些秘密，但如果没有人在我们想要展现真实自我的地方和时间点看到我们，那对我们来说就是灾难。

● 修复关系，而不是冷战

我希望我从来没对自己的孩子说过严厉的话，或从来没把自己的感受看得比孩子的感受还重要，但可惜这些事情我都做过，就像我父母也对我做过一样。

但是，我的成长经历和女儿的成长经历还是有所不同，差别在于我的父母从来不承认他们的做法毫无道理或是错的。即使我成年后，父母也从未为了他们对我的错误态度，或是他们被证明做错的某件事，而对我道歉。我知道我不喜欢父母这样对我，所以我下定决心，自己做母亲时，绝不重蹈覆辙。

尽管我的出发点是好的，偶尔我的行为还是会令我后悔。做那些事情时，如果我马上发现自己错了，或事后意识到错误，我总是会立即向女儿道歉，及时改变我的想法和做法。我和先生做了不当的行为时，会马上自我纠正。我们犯错时，会向女儿坦白。

我不知道这样做对她有什么影响，这是一个实验——在情感的家庭链上建立一个新环节。我很早就发现这样做的效果了。

我女儿弗洛四岁的时候，有一天下午，她在厨房里吃一块蛋糕，她说："妈妈，对不起，我刚刚在车上发脾气了，因为我饿了，现在我已经好了。"她对我说对不起。她是在反省自己的行为，并试图修补她眼中的裂痕。我听了兴奋不已，我从来没想过，当我为自己的不当行为承担责任，而不是自我辩护或指责他人时，我的孩子也因此学会做同样的事情。

孩子是会学习的。孩子就像我们一样，通常会以别人对待我们的方式来对待他人。敏感地关注情绪，并在破裂后修复，总是比冷战、争吵、争输赢更好。

我记得的另一件让我兴奋的事，是我女儿第一次说："我快要生气了。"她没有直接展现愤怒，而是用言语表达出来。这样一来，我就可以对她说："这种感觉真的不好，对不对？"我鼓励她继续谈论自己的感受，而不是发脾气训斥她。

● 去感受，而不是去处理

诺瓦四岁，对某些习惯非常坚持。戴夫是诺瓦的父亲，对孩子的这种坚持束手无策。每次有什么事没照诺瓦的意思做，她就会大发脾气，比如不能坐在车里她最喜欢的座位。戴夫很讨厌诺瓦这种个性，他会跟诺瓦争论，或是哄她不要那么坚持,但最后常搞得父女俩都一肚子火。

戴夫问我如何帮诺瓦学会调适,让她不要太执拗。我提到确认孩子感受的重要,他决定试试看:

有一天,诺瓦的表哥需要搭我家的便车,他没留神坐了诺瓦最喜欢的座位,诺瓦马上就哭了起来。面对这种情况,我以前通常会说:"别那么任性,换个地方坐不就行了。"或是要求她的表哥把座位让给她。但那天我蹲下来,让我们的视线位于同一平面上,我温和地对她说:"你看到麦克斯坐在你的座位上,觉得很难过,你真的很想坐在那里,对不对?"她的哭声稍微缓和了一些,并直视着我。我体会到她的感受,也感觉到她从我脸上看到了这点。我告诉她,下次她可以坐在那里,接着问她:"现在你想坐哪儿,是靠窗呢,还是前排的儿童座椅?"令我惊讶的是,她立刻就不哭了,自己坐上儿童座椅,系好安全带,开始愉快地聊天。

责备诺瓦,哄骗她不要那么坚持,都只会导致她更加固执。当她看到父亲真的感受到她的难过情绪时,她就不会再坚

持自己的想法了。戴夫确认了诺瓦的感受。那就好像你在冰上开车时,车子打滑一样。如果你试图把车子转开,车子会一直朝着同一方向打滑。但如果你把车子转向它,让车轮与行驶方向对准,你就可以重新掌控汽车,之后就不会打滑了。

确认孩子的感受时,最困难的一点,是你有不同感受的时候。例如,七岁的孩子深深叹一口气说:"妈妈从来不带我出去玩。"你一听可能会马上反驳:"瞎说,我们上周才去过乐高乐园!"或"我们经常出去旅行啊!你都忘了?"你可能会很生气,你花那么多钱,投入那么多时间,带孩子到处去玩,孩子却不知感恩,还埋怨你。

你明明想和孩子培养一辈子的亲情,你也非常在乎孩子是否快乐,但当你否认孩子的感受时,你们的关系就开始疏远了。这时要你改变反应,你可能会抵触,但是你要知道,当人们的体验获得认可,而不是遭到质疑时,感觉都会更好,孩子也不例外。你应该要意识到,孩子只是在告诉你他的感受,你要把握这个机会与他产生共鸣,谈论他的感受,而不是急着否认他。

否认负面的感受并不会让它消失,只会强化它。我们回头来看上面的例子。

孩子：妈妈从来不带我出去玩。

大人：你是觉得现在很无聊，很烦吗？

孩子：是啊，我们都待在家里一整天了。

大人：嗯，是，那告诉妈妈你现在想做什么？

孩子：我想再去一次乐高乐园。

大人：乐高乐园很好玩，对不对？

孩子：对呀。

这种对话会让孩子感到满意，而不会升温成争吵。孩子并不傻，他知道你不可能天天带他去乐高乐园，但他希望父母知道他想和父母在一起，和他一起感受。重点是安抚他的感受，让他学习接纳一个令人不快的事实：人生不见得都会按照他想要的方式运作。

对每个人来说都是如此，无论孩子或成人。当我们感觉不好时，我们不需要被治愈，我们想要的只是有人感同身受，而不是被当成问题来处理。我们希望有人理解我们的感受，这样我们就不会陷入孤立无援的境地。

如今，我的女儿弗洛已经成年了。前几天她告诉我："我考驾照没通过，真丢人。"没有人想看到自己的孩子沮丧，所以家长很容易犯下想要尽快帮孩子修复情绪的错误。于是，我急着安慰她："没必要觉得丢人。"她回答说："不，妈妈，我只需要拥抱。"

我们都会犯错误，现在我还是会做错。但是，如果我们多去体会孩子的感受，尽量不要否定孩子的情绪，孩子会知道他们需要什么，并懂得怎么要求。

你不必等到孩子会说话，才去认可他的感受并认真看待他。当孩子还不能用语言表达时，你可以解读当时的情境，思考孩子的感受，并把它转化成话语。即使孩子会说话，他也可能无法像你那样清楚地表达感受，这也是为什么上述例子中，孩子把心中的感受描述成"妈妈从来不带我出去玩"，而没有说出真实的感受——"我感到烦躁不安，一整天关在家里，不知道要做什么"。家长把他观察到的孩子的感受转变成话语，并在孩子回应"对呀"时，与孩子产生共鸣，因此促成了亲子之间心灵相契的时刻。

● 床底下的怪物

孩子还小时，总是会提到床底下有怪物。这时你应该关注的，不是他讲的故事或给的理由，而是他表达的感受。与其马上否定床底下有怪物这种说法，不如说出怪物代表的感觉。"你好像很害怕，能多讲给我听听吗？"或者，"我们来编一个怪物的故事吧，那些怪物叫什么名字？"这样做也许可以打败那些怪物，使他们彻底退散。

当然你也可以采用符合你个人风格的方式，重点不在于我们说了什么话，而是陪伴孩子，直到他们获得安抚，而不是认为他们在胡闹。那些怪物可能代表你在哄孩子睡觉时表现出的不耐烦，或是孩子无法用言语表达的复杂事情。即使我们不能追溯到每种感觉的来源，也不表示那种感觉不真实，感觉还是需要被认可的。

你想用一句"别胡闹，怪物都是人们瞎编出来的"来让孩子觉得自己是在胡闹，那是不可能安抚孩子的。

重要的是保持沟通渠道的畅通。如果你告诉孩子他在胡闹，借此否定他的说辞，他不仅以后再也不会跟你做这类"胡闹"沟通，连其他你觉得不算"胡闹"的沟通也会从此消失。对我们来说，"胡闹"和"不胡闹"的区别很明显，所以我们认为孩子也懂得区分。但实际上没有人能够掌控自己的感受，即使同样的情况，也会使人产生不同的感受。

你应该成为孩子想要交谈的对象。当奶奶为孩子做了美味的扁豆炖菜，孩子却抱怨不好吃时，你说孩子在"胡闹"，但你那样说以后，当可怕的钢琴老师把手放在孩子腿上时，孩子会觉得告诉你这些也没有用，也是"胡闹"。我们知道这两件事情的差异很大，但是对小孩来说，那都属于"讨厌的事情"。如果告诉你自己讨厌的事情被你认定为"胡闹"，孩子就不想再跟你透露那些事情，以免遭到你的斥责。

你可能认为这个例子很极端，因为奶奶做的炖菜不好吃和钢琴老师摸孩子的大腿有本质区别，但孩子涉世未深，不像你有那么多经历，还没读过你读的书，对人生懵懵懂懂。孩子还不懂得区分遭遇不当触摸和吃到不喜欢的东西时的不同的不适感。对他们来说，两者都是感官受到攻击。告诉孩子"别胡闹了"，会切断孩子与你的沟通，那是很危险的。

接纳每种情绪的重要性

如果有人问你希望孩子如何，你可能会回答："我希望他们幸福快乐。"这当然很好，但我们是否在"幸福快乐"这个概念上投入太多的想象？我们是否把"幸福快乐"想象成一幅完美的画面：家人共享美好的时光，在草地上嬉闹，在野花丛中野餐？

幸福快乐就像所有的感觉一样，来来去去。事实上，如果你一直都很幸福快乐，你几乎不会察觉到那种感觉，因为你没有其他的情绪可以比较。为了让孩子幸福快乐，父母必须接纳他的所有情绪，以及他对世界的方方面面的体验。大多时候，这都不是轻松愉快的。

　　遭到责骂或心烦意乱都无法使人快乐。不管孩子经历了什么，有任何感受，你越是完全地接纳及关爱孩子，孩子越有幸福快乐的能力。这不仅适用于孩子，也适用在你自己身上。我们需要接纳自己及我们的所有情绪。

　　我记得我十二岁时，父母的朋友问我："你的童年快乐吗？"我告诉他："不，没有多快乐，很多时候我都不太开心。"我父亲无意间听到我这么说，生气地转过身来反驳："胡说！你的童年很好，过得很快乐，你刚刚在胡说些什么！"由于他是我父亲——我挚爱的父亲，虽然他很严厉——我心想那肯定是我说错了。当时我感到很困惑，也开始怀疑自己的感受。

　　父母往往以为那些能让自己快乐的事情，也能让孩子快乐，但事实不见得如此——你很可能已经发现这点了。孩子看起来不开心时，你会觉得自己很失败，接着你可能像我父亲那样，试图以责骂孩子的方式逼孩子快乐起来，借此减轻你的不安。

　　如果当时的我知道这些道理，我父亲反驳我时，我会更理解当下的感受，但是当时我的脑袋一片混乱。那种混乱的感觉源自我明明有某种感受，但我景仰的人却告诉我，我没有那种感受。在那团混乱的迷雾中，还掺杂着一种羞愧感，因为我好像误解了什么——我从来不知道我到底哪里错了，而且一错

PART 3　回应孩子的感受　　077

再错。

我父亲错过了一个和我产生共鸣的机会，也许不是在当下，而是在他的朋友离开以后。他本来可以询问我的感受，而不是把我的回答（不管那个回答是什么）视为对他的攻击。他本来可以帮我把感受表达出来，试着从我的角度来看世界。我并不是说他必须改变他对世界的看法，但他可以试着去了解，我的观点也是一种看待事物及看待自己的有效方法。

如果你不把孩子的悲伤、愤怒、恐惧当成需要纠正的负面情绪，而是把那些情绪视为进一步了解孩子、与孩子培养亲密关系的机会，你可以让亲子关系变得更加深厚。你这样做时，就能提高孩子幸福快乐的能力。

如果你下班回到家对伴侣说："今天上班感觉很糟。"对方回应："不可能吧，哪有那么糟。"你会觉得自己没有获得关注或聆听，甚至觉得对方根本不在意自己。如果你经常得到这样的反馈，你可能以后再也不想对他吐露心声了。

但是，如果伴侣回你："告诉我，发生了什么事。"你说出来了。你告诉伴侣，老板很可恶，明明他自己搞错了，却让你来收拾烂摊子。伴侣听你这么说以后，回答说："难怪你今天心情不好。"这时你会觉得心里舒服多了。

如果伴侣是以"嗯，你应该……"这样的开头回你，并给你建议，这会让你感觉更糟。

如果伴侣回应:"你看,窗外有只可爱的松鼠。"你可能会立刻停止倾诉,继续谈下去有什么意义呢?松鼠也许可以帮你忘记不开心的事情,但是尚未排解的不满情绪依旧会回来。

切记,当你幼年的孩子、成年的孩子,还有你的伴侣向你倾诉痛苦的感受时,你首先要确认那种感受,你是在帮他排解情绪,从而让他心情变好。

孩子在学校里过了糟糕的一天,你对他发挥同理心可能很容易。但如果你真的不认同孩子描述的状况,那怎么办?例如,孩子说:"我不喜欢家里有婴儿,我希望你把他送回医院。"遇到这种情况时,倾听变得更加重要,你需要试着去理解及认可他的感受。你可以说:"你很怀念只有你和我在一起的时光是吧,难怪你会希望婴儿离开。"或者,"来咱家的客人都在逗婴儿笑,对你不够关心,这很不公平。"或者,"告诉我你当了哥哥是什么感觉?"无论孩子的回答是什么,你都要接纳。你无法要求一个孩子爱他的兄弟姐妹,孩子很清楚自己的感受,他只是需要一个安全的容器来容纳那些感受。

● 人必须快乐吗

精神分析学家亚当·菲利普斯(Adam Phillips)说,苛求快乐反而会破坏生活。生活中必然有苦有乐,如果我们试图消除痛苦，以快乐来掩盖痛苦或麻痹痛苦，或以转移我们或他人的注意力来忘却痛苦，我们就无法学会接纳及调整它。

我们常会设立一些目标，并以为实现那些目标以后，我们就会感到"快乐"。有时实现目标确实会让人快乐，但我们对满意人生的想象往往是错的。那些微笑的、大笑的迷人的模特，美好的建筑，闪亮的汽车，美丽的物品的照片，可能在不知不觉中误导了我们。那些照片不必诉诸文字，就让我们以为那是我们想要的生活。广告可不会向你展示一个长相平庸的人如何克服心魔，学会接受无可避免的痛苦，并找到自主性和快乐。

当你试图阻挡负面的感受时，也同时阻挡了正面的感受。诚如治疗师杰瑞·海德（Jerry Hyde）所言："情绪不是混音台，它们只有主音量。你无法淡化悲伤和痛苦，并强化幸福和快乐。你只要把一种情绪调低，所有的情绪都会一并调低。"

在婴儿和儿童接触到物质所带来的快乐以前，什么可以让他们心满意足呢？那就是心灵相通。那是一种获得父母或照顾者的理解，并在环境中找到意义的感觉。为了获得理解，孩子需要我们接纳他的所有感受，包括愤怒、恐惧、悲伤和快乐。

当你希望孩子幸福时，不管消费主义灌输你什么观念，都应该抛开物质因素。幸福也和成为最聪明、最富有、最耀眼的人无关，而是和亲子关系的质量有关。

我们与父母及兄弟姐妹相处的方式会变成一种习惯，并成为我们未来所有人际关系的蓝图。如果我们习惯坚持自己是对的，一定要追求最好的，一定要拥有物质的东西，一定要隐藏真正的感受，而且内心的想法和感受无法获得接纳，长此以往会阻止我们追求亲密关系及快乐。

下面这个故事会告诉我们，认可孩子的感受可以强化亲子关系。故事中的希拉里是单亲妈妈，经营美发生意。

塔西三岁时，弟弟纳塔姆出生了。我照着大家的建议，买了一个礼物给塔西，说是弟弟送她的，但她没有受骗。她说："小婴儿没有钱，也不能去店里买东西。"一开始，大家告诉她，她当姐姐了，她本来很高兴，还会自豪地告诉客人。但是过一段时间后，家里多了一个婴儿的新鲜感就消失了，她开始发脾气，闹别扭，夜里又尿床了。在这个过程中，我尽力保持着耐心，一直告诉她，她会喜欢当姐姐的，但她的行为反而越来越糟。

有一天晚上，哄她睡觉让我精疲力尽，坦白说，那感觉很不好，事后我反复思索那件事。我回想起我自己的妹妹出生时，我有多讨厌她，当时我心里明白我不该讨厌妹妹，那样的话我就是一个"坏孩子"。后来，随着我年龄渐长，我更加意识到自己那样不好，因为每次我欺负妹妹时，大人都这么说我,但我就是忍不住想欺负妹妹。我觉得我和妹妹只应该有一个人存在,不是她,就是我。坦白讲,我现在还是会无缘无故生我妹妹的气。

我意识到,试图强迫塔西喜欢纳塔姆,对她和我都没有好处。我开始设身处地地为塔西感到难过,并决定去了解她的感受,帮她把感受清楚地表达出来。我要持续这样做,直到我们母女俩培养出共鸣为止,因为我觉得我们现在感情太疏离了。

第二天早上,我说:"塔西,你真的很讨厌纳塔姆在这里,对不对?"她不说话。我接着说:"我记得你小姨出生时,我也觉得她很讨厌。那时,就像我对你一样,每个人都跟我说,我一定很爱妹妹,但实际上我根本就不喜欢她。塔西,让你觉得难过,我很抱歉。"

那天,她调皮捣蛋时,我没有责备她,我只是继续说:"妈妈要给弟弟喂奶,不能陪你玩,你很不高兴,对不对?塔西,对不起。"每当她想跟我分享东西,或期待我的关注,或是感到不开心的时候,我就会试着描述她当下的感受。

塔西没有马上高兴起来,但是到了傍晚,她的行为已经有所改善。我们母女俩感觉更亲近了,因为我不是去否定她的感受,而是去真正地体会。能够重新获得她的配合实在太好了。她甚至开始帮我拿尿布和湿巾,并告诉我纳塔姆睡醒了。那天晚上是纳塔姆出生以来,她第一次没尿床。

我学到的是，孩子有任何感受时，无论我有多烦恼，无论我多想否定那种感受，我都需要把它找出来，反思我的看法是否正确，并确认他的感受。前几天我带纳塔姆去公园玩，准备离开的时候，已经三岁的纳塔姆想再去喷泉底下玩最后一次，但我刚帮他擦干身体，换上干衣服，他要是再去玩一次，就得全身湿透回车上。我母亲试图说服他，但他就是听不进去。于是，我让母亲别再劝他了，并对纳塔姆说："你很想再淋湿一次，觉得那很好玩对不对？很抱歉让你失望了。"我母亲很吃惊，纳塔姆听完我这么说以后，竟然乖乖地离开了。

我也很高兴地告诉大家，纳塔姆和塔西姐弟俩之间虽然会争吵，但大多时候他们还是在一起玩得很愉快，互相也没有敌意。

- **练习：体会他人的感受**

平时练习体会别人的感受，等真实的情境出现时，你更容易做到感同身受。
想象一个人或一群人对某事的看法与你不同。 例如，他们投票

> 支持的对象与你不同。与其认为他们愚不可及，你应该想想他们的处境、希望和恐惧。站在他们的角度，试着理解他们为什么会做出与你不同的决定。跟他们一起体会他们的感受。发挥同理心，并不是要你放弃自己的观点，而是真正明白及了解为什么别人有那种感觉，最重要的是，你要跟他们一起去体会那种感受。

从感受中转移注意力

有些家长很喜欢用"转移注意力"这种方法，使孩子不去想他们正在经历的事情。这是家长常用的招数，但通常无效，因为转移注意力只是一种把戏。长远来看，操纵孩子并不能帮孩子培养快乐的能力。

直视婴儿的眼睛，你只会看到他的真诚。我认为不管年龄多大的孩子，都应该得到我们的尊重。转移注意力这种招数感觉并不真诚，而是一种操纵手段，那对孩子的智慧也是一种侮辱。

转移注意力传达出什么信息？想象你摔倒了，膝盖严重擦伤。如果伴侣漠不关心或对你的疼痛、流血或尴尬不感兴趣，而是指着一只松鼠让你看，或是承诺你可以玩最爱的电玩，你有什么感受？

我并不是说转移注意力这招永远没有派上用场的适当时机，我只是觉得这不该成为一种操纵的策略。例如，孩子生病需要治疗，你告诉他，不要把注意力放在打针上，可以把注意力放在你给他播放的动画片上，那会让他感觉没那么痛。在这个例子中，你不是在欺骗孩子，他清楚地知道即将发生什么事，你是以转移注意力的方式来安抚他。

想想看，你的孩子可能以你对待他的方式来对待你。如果你想和孩子讨论成绩单，他却指着窗外说："你看！那里有松鼠！"你应该也不喜欢他用那种方式来转移你的注意力。

你也可以告诉幼儿园的老师和保姆，你更希望孩子的感受获得共情，而不是想办法转移孩子的注意力。把孩子的注意力从另一个孩子紧紧抓住的玩具上移开，以避免他们发生冲突——那样做并不会帮孩子理解现状，也不会帮他们学习如何面对冲突。

如果孩子想要一个东西，你不想给他（例如你的车钥匙），他需要知道他不能拥有的原因，这不能靠暂时转移注意力来解决。孩子需要听到你说，你不喜欢他玩你的钥匙，而不是听你说："哟！快看这个洋娃娃多好看。"你可以用类似这样的句子来帮他克服失落感："你因为我不给你钥匙生气了，我知道你不开心。"只要你维持冷静，接纳孩子的情绪，他也会逐渐学习控制情绪。这样做可能不如转移注意力那么省时省事，但这些投入的时间可以帮孩子学会内化技能。

如果你不断以转移注意力的方式,帮孩子抽离当下的感受或体验,你也在无意间导致他们难以专注。你可以这样想:如果你的孩子伤害了自己,或感觉受到伤害,或愿望遭到否定,你让他从感受中抽离,而不是帮他解决问题,那他就不能把注意力放在棘手的事情上。

这种方式还有一个最要命的缺点:那会阻碍你与孩子培养良好、开放、亲近的关系。

你之所以会想要以转移注意力或否定孩子的感受来淡化孩子的经历,还有一个原因:你是通过自己的眼睛,而不是孩子的眼睛来看当前的情境。

例如,你已经成年,你不能跟母亲一起去上班,那根本不是事。但是对两三岁的幼儿来说,他会觉得那就像世界末日一样。我们会因为自己造成孩子的痛苦而感到内疚,所以否认孩子的痛苦,让我们感觉比较安心。

那么,如果你的伴侣出去上班,两三岁的孩子对此伤心欲绝,你该怎么办?如果你是那个上班的家长,你可以大大方方地愉快地离开。如果你很冷静、坚定、乐观,孩子会感到更安全。重点是不要偷偷溜出去,而是带着关心和暖意离开。如果你对离家上班感到心慌意乱,你的表现就会变得太戏剧化,那对孩子毫无帮助。如果你忽视了孩子受到的伤害,你就无法成为他们的榜样。确认孩子的感受，给他一个拥抱，并以温和的方式说一些话，例如："你不想让我去上班对不对？我傍晚就回来了。"

如果你是在家带孩子的家长或照顾者，你需要做的是，在孩子闹情绪时陪伴他。首先确认刚刚发生的事情，你可以说："你不想让妈妈离开你去上班，你觉得很难过，对不对？"其实你仔细想想，你爱的人离开时，感到悲伤是完全合情合理的。你可以告诉孩子，妈妈什么时候回来。"妈妈傍晚就回来了。"不要谎报那个人回来的时间，那样做会导致孩子学到扭曲的时间观念，或下次再也不相信你说的话了。

陪在孩子身边，关注他，也关注你自己的不安。给予孩子关怀，但不要反应过度。保持冷静，不要放任孩子独自哭泣。不要分散孩子的注意力，或刻意"压抑"他们的感受，或说他们的感觉不真实。

持续聆听，必要时拥抱孩子。过一段时间，孩子可能自己找到其他有趣的活动，你也可以建议他从事某项活动，但是他感到痛苦的当下，先不要急着让他转移注意力。你可以想象，当你失去深爱的人，你觉得没有他活不下去时，这时有个人走过来，把你真切的感受推到一边，不尊重你的感受，让你别再想你爱的人，你会有什么感觉？一旦你表达了自己的想法，并开始接受现状时，你会更乐于接纳别人建议的活动。那和你感到痛苦时，别人却要求你看小丑跳滑稽的舞蹈是截然不同的。

> **练习：先表达感受**
>
> 想想你感到沮丧的时候，在你准备好以看电影或读书来转移注意力之前，你需要多少时间才能用言语表达那些感受，并试着去适应？虽然我们和孩子感到难过的事情不同，这不表示他们的感觉就不强烈或真实。
>
> 婴儿不会伪装，时时刻刻真情流露。随着时间推移，孩子可以学习观察自己的感受以掌控情绪，但他无法自动学习做到这点。他需要有人在成长的过程中，接纳及包容他的所有感受。我们都迫切希望孩子幸福快乐，有时我们却会在他们生气或悲伤时推开他们。为了培养孩子健康的心理，我们需要接纳孩子的感受，孩子也需要学习以大家接受的方法来表达所有的感受——对成年人来说也是如此。

PART 4

最初的孕育

在这本书中突然插入一章谈为人父母的最初阶段——怀孕——似乎有些奇怪。然而,即使你的孩子已经出生,甚至已经是青少年或成年人了,这一部分也可以帮你更多了解亲子关系与现状。如果你的亲子关系正陷入僵局,这一部分的观点可以帮你修复关系。如果你和孩子的关系才刚开始起步,这一部分可以指引你,朝着大家都企盼的终身亲密关系发展。

● 亲子关系从怀孕时开始

我常看到父母把育儿当成可以有效率地对待、处理或改正的工作。这通常是因为家长很忙，生活忙碌，工作更忙碌。这也是他们从上一代获得的教养方式。传统的主流观点认为，养儿育女这件事可以轻易塞进繁忙的生活中，但这往往是有代价的。如果你不把孩子当"人"看待，而是把他们当成"事情"来处理，不去了解他们的感受，你会发现，孩子十几岁或成年后，你想跟他们交谈时，他们却不太想理你。

下面这个案例的主角是一个三十八岁的女人和她的八十一岁的母亲，你可能觉得这个案例与怀孕没什么关系。但如果你尚未怀孕生子，怀孕是你反思你和父母的关系，并思考未来想和你的孩子培养什么样的关系的好时机——如何培养诚实、开放的亲子关系，不受各种角色身份的限制。

我们与孩子之间天生有一种情感上的羁绊。娜塔莉给我讲了她的故事，她和母亲之间确实有情感上的羁绊，但羁绊不单只是亲子关系而已，那也可以是一种心灵投契，兼具爱与喜欢的感觉。那也是诚实、开放的关系为我们带来的好处。

娜塔莉说："你如果见到我妈妈，会觉得她是个很好的女人，甚至很迷人——她确实是这样。只不过，我跟她在一起时,总觉得很不自在。我知道我应该多去看她,但不知怎么回事,我就是不想去,每次都得勉强自己才行。"

诚如娜塔莉所述,她们的母女关系显然有点不对劲。后来有一次娜塔莉去探望母亲时,对于症结所在,终于有了更多的了解。

———

几年前,我冒险做了一个决定。我心想,如果我对我妈妈更真实坦白一点,也许她也会对我更真实坦白。所以我鼓起勇气告诉她我的真实感受,我也告诉她,自从我和先生离婚后,我不时会陷入抑郁的状态。

我妈妈听完以后只说了一句:"哦,我过得挺好的。"然后我们的对话就结束了。

当下我恍然大悟,我发现她根本不想接纳我的"痛苦"感受,我甚至觉得她也不想承认自己的"痛苦"感受。所以我情绪低落时,对她来说,那可能是某种威胁。我试着讨论问题,但她始终紧闭心门。

我想对我妈妈好一点,但三十八年过去了,我们的母女关系渐渐变成"相敬如冰",只做礼貌性的交谈,无法再更进一步。

我怀布丽吉特时,我知道,我不希望以后我老了,她只是义务性来探望我。我希望她是真的很想来,我希望她和我在一起很自在,可以跟我分享任何事情。怀孕的时候,我常想着如何培养母女关系。我想，如果我和我妈妈在一起很不自在，可能她也同样觉得很不自在。

我下定决心，跟女儿在一起的时候，我一定要做自己。布丽吉特出生时，我感受到只有婴儿才能给你的那种强烈的真诚。我决定尽我所能回报她的真诚。

我很努力接纳布丽吉特的每种情绪，不单只是接纳她的微笑。我也很努力接纳自己的情绪。我现在知道，孩子经常哭闹、怎么哄都安静不下来时，妈妈会有多辛苦。每次我遇到这种情况总是百感交集，感到无能为力，甚至非常愤怒——凌晨三点，我会和她一起大哭。但我知道，我是在感受那些情绪，我接纳它们并努力展现关爱，以我自己希望被照顾的方式来对待女儿。

我无法安抚布丽吉特时，也努力让自己不要泄气。我会陪伴她，试着去了解她。我和她在一起时，会全心全意投注在她身上。我不想照着育儿手册来养育孩子，我想做自己。我希望这样做对布丽吉特有帮助，可以让她长大以后在我面前也做自己。

———

如果你即将迎接新生儿或已经为人父母，你能做的最好的事情，就是把眼光放长远。从一开始就把他们当成"人"看待，当成培养终生亲密关系的对象。

为人父母后，你开始和孩子培养一种关系，那种关系会逐年强化，而基础是在怀孕期间奠定的。孩子开始独立自主，拥有自己的社交圈及伴侣后，如果你们习惯了关注彼此的生活，互相分担忧虑，那么你们的关系会持续紧密。

● 交感巫术[①]

亲子关系一般是如何开始的？你宣布怀孕后，往往会收到一连串有关膳食与行动的建议和禁忌，内容因文化背景与时代而异，但几乎每个孕妇都不可避免地遭到这些信息的轰炸。看到那么多规则与建议，你可能会因此以为真的有所谓"最佳的"怀孕方式，你可能在不知不觉中相信，真的有完美的父母能生出完美的孩子。

其实这种思维非但对亲子关系毫无帮助，还可能干扰亲子

[①] 英国人类学者弗雷泽（1854—1941）把交感巫术称作顺势巫术（或模仿巫术）和接触巫术的总称。他认为原始巫术可分为两种形式：一种是以"相似律"为基础的"顺势巫术"或"模仿巫术"，在这种巫术中，巫师仅仅通过模仿就能实现任何他想做的事；另一种是以"接触律"为基础的"接触巫术"，施行这一巫术也就是通过曾被某人接触过的物体而对其本人施加影响。弗雷泽把上述两种巫术统称为"交感巫术"，因为它们都建立在这样的信念基础上，即认为通过某种神秘的感应，就可以使物体不受时空限制而相互作用。——编者注

关系。相信怀孕、分娩、养育孩子是可以优化的，那就等于说我们是把一个"产品"带来这个世界，我们要把它打造得尽善尽美，而不是把一个生命带来这个世界，准备和他培养一辈子的关系。

不必追求不可能的完美，怀孕与亲子教养并不是你要完成的"工作项目"。

你需要思考如何谨慎对待那些怀孕规则与建议，有些建议可能真的有帮助，但遵守所有的规则并做好所有的预防措施，会给人一种错觉：你以为你可以掌控怀孕过程，或掌控你遗传给孩子的染色体与疾病。

当准妈妈们发现自己没有遵守某些建议时，可能会陷入恐慌。例如，在英国，有人建议孕妇不要食用未经高温消毒的乳制品。如果你在怀孕前吃了一些，就会担心自己感染了可怕的病毒，因此伤到宝宝。

你还会听到很多风险警告，但事实上，怀孕是不可能做到完全安全的，因为怀孕本身就是一种风险。你的孩子可能有异于大多数的孩子，因此不符合那个严苛的"完美"标准，但你是在创造一个"人"来关爱与呵护，而不是在创造"艺术品"。

有些文化认为，怀孕若要完美，夫妻应该在分娩前，甚至分娩期间尽量多地性交，例如巴布亚新几内亚的土著部族就是这么想。他们还相信，孕妇若是吃了狐蝠（他们文化中的常见食物），孩子可能精神异常，或像狐蝠一样颤抖。

世界各地都有这种风俗禁忌，人类学家称这种现象为"交感巫术"（sympathetic magic）：与母亲怀孕或哺乳期间所吃的东西或所做的事情有关的现象。无论别人叫你遵守什么规则，无论那是有科学证明的医学建议，还是民间传说，那都取决于你生活在世界的哪个地方，而且那些建议的内容还会持续改变。我不是要你忽视医学建议，但你确实需要思考一下那些建议给你什么感觉。

看到这个来自耶鲁大学的研究时，你可能会很开心：在怀孕的第三阶段，每周吃五块以上巧克力的孕妇，罹患妊娠期子痫的风险少了 40%。显然，怀孕期间吃巧克力还有更多的理由。2004 年，赫尔辛基大学的卡特莉·莱科宁（Katri Raikkonen）研究孕妇摄取的巧克力量和婴儿的行为之间有何关联。婴儿六个月大时，研究人员衡量不同类别的行为，包括恐惧、容易安抚、经常微笑与大笑等等。研究结果发现，天天吃巧克力的孕妇所生的孩子比较活泼，也比较爱笑。他们还测量了母亲的压力水平。结果显示，压力大的孕妇若是常吃巧克力，婴儿面对新情况时所显现的恐惧，比不常吃巧克力的孕妇所生下的婴儿少。

这类建议的问题在于，如果你知道的时候太晚了，你会觉得你害了宝宝。例如，我得知巧克力的建议时，已经太晚了。我不常吃巧克力，但我的宝宝也经常笑。无论是医学研究，还是传统偏方，在我们遵守建议时，可以让我们安心；在我们没遵守时，可能让我们陷入恐慌。前面说过，我们对怀孕的掌控力非常弱。

创伤引发的极度压力（有时称为有害压力，例如怀孕期间身体持续暴露在危险中），确实会对胎儿的发育产生不利的影响。营养不良也是如此。当然，我们都会尽量避免那些事情。至于正常的压力，例如面对棘手的工作或分歧，那不会影响胎儿。

怀孕可能面临孩子畸形或夭折的风险。对于这种风险，我们都无能为力，任何魔法也帮不了你，无论是避免压力或避开任何禁忌都于事无补。

我认为最有帮助的"交感巫术"，是把怀孕的经历想成一种胎教，通过子宫对胎儿讲述出生以后的状况。所以，如果你很开心、很放松、吃得好、很乐观，子宫告诉胎儿的故事，是你和孩子都向往的美好未来的故事。

注意你收到那些怀孕建议时的感觉。必要时，把感觉从恐惧调整为乐观。不要总设想胎儿会出现什么意外的状况，把心态放轻松，为亲子关系打造最好的基础。

你应该把焦点放在那些会顺利发生的事情上，而不是你听到的恐怖故事，或是别人难产的故事。好心情会影响胎儿。看向你想前进的方向，而不是把注意力放在你不想去的地方，会使你的心态更正面积极。

对孩子抱持乐观心态，是一种必须养成的习惯。为了孩子好，我们需要相信他会成长、学习、掌握各种诀窍和技能。当我知道我景仰的人相信我的时候，我做任何事情都会容易许多。例如，若不是经纪人对我有信心，我不可能尝试写这本书。

同样，孩子也需要你的信心，才能茁壮成长。你要在怀孕期间养成这种乐观的习惯。安妮·墨菲·保罗（Annie Murphy Paul）在《胎内人生》（*Origins*）一书中提到了一项实验。研究人员请一百二十位孕妇描述胎动的情况。如果孕妇知道怀的是男婴或女婴，她们用来描述胎动的语言有显著的差异。常用于女性胎儿的关键词是"温和""翻滚""安静"，常用于男性胎儿的关键词是"活泼""有力""拳打脚踢"。孕妇不知道胎儿性别时，不会使用这些常见用语。这只是我们需要自己注意，以免在孩子出生以前就对孩子有过高预期的诸多项目之一。我们应该养成观察的习惯，而不是妄下评断。

你如何看待胎儿，也会影响未来的亲子关系。你会把胎儿想成寄生虫、任性的入侵者、负担，还是未来的朋友、小天使、上帝的礼物，这可能会影响你们未来的亲子关系，也会决定你究竟是担心看到孩子出世，还是期待与孩子见面（希望你是后者）。

> • 练习：你对胎儿有什么想法？
>
> 当你想着胎儿时，观察你自己的状况。想想你是怎么看待他的，以及你的看法可能对未来的亲子关系产生什么影响。这可以帮你选择，你要以什么方式和这个尚未谋面的人建立关系。
> 对胎儿说话，大声说出来，以强化你们的关系。怀孕十八周以后，胎儿就能听到声音。你会听到自己的声音，了解你和胎儿的关系，那可以帮助你更清楚地知道你为这段关系带来了什么。坚持这样做，宝宝出生时，你就会养成跟他说话的习惯，也会习惯把他当成一个"人"看待。

● 你是哪类家长

《生育的心理过程》（*Psychological Processes of Childbearing*）是近三十年前首次出版的开创性著作，如今书里的内容依然适用，作者琼·拉斐尔-莱夫（Joan Raphael-Leff）把家长分成两种类型：管控型和引导型。她指出，管控型的家长是以成人为中心，依循惯例；引导型的家长是以孩子为中心，尊重婴儿发展的规律，而不是试图让婴儿去适应家长。

如果你是管控型家长，你比较喜欢让宝宝养成日常的习惯。管控型的家长认为,每天同一时间发生同样的事情,可以让孩子产生安全感,因为孩子清楚地知道会发生什么,这样能减少意外情况。父母也知道什么时候该做什么,如果他们请了保姆,保姆也会依循日常惯例。喜欢秩序与架构,觉得知道什么时候会发生什么事情比较安心踏实的人,会倾向于做管控型家长。

引导型的家长也相信可预测性对孩子很重要,但他们重视的不是一成不变的常规,而是给孩子可预测的反应。所以婴儿知道他们发出的信号会得到回应,他们的需求通常会获得满足。这个理论的指导原则是,婴儿知道自己的世界是安全的,这让他感到安心。

争论哪种家长更好,没有多大意义,基于文化背景或你自己成长的模式,你会偏向其中一种。而且你也不会定型,这个角色是流动变化的。刚生下第一胎时,你可能是引导型,因为只有一个孩子需要照顾时,你可以配合孩子的需要。当你又多一个孩子时,你可能会依循更多的惯例,好让每个孩子的需求都获得满足。例如,如果你要接送老大上下学,就无法让小婴儿继续睡,他需要跟着你去学校一趟。

有时父母可能一方是引导型,另一方是管控型。遇到这种情况时,搬出大量事实来佐证你喜欢的育儿理念没有多大的帮助,反而更有可能导致你们坚守各自的立场。

你应该和伴侣讨论感受,而不是事实,尽量不要坚持你认定是对或错的事情。感受就只是感受而已，从来没有对错之分。承认你偏向引导型或管控型是因为那比较适合你，而不是因为你相信那对孩子比较好，这可以帮你避免因循守旧，墨守成规。

无论你比较偏向哪种理念，切记，在亲子关系方面，接纳、温柔、仁慈是最重要的（多数的人际关系也是如此）。

拉斐尔－莱夫注意到，引导型的母亲在怀孕期间更容易受到情绪波动的影响，管控型的母亲比较不受影响；她也发现，引导型的母亲会更用心地观察内在，为内在的奇妙变化而惊叹，管控型的母亲则希望尽量保有自己的正常角色，不要变成另一种状态，她甚至会觉得怀孕是一种侵扰；引导型的母亲会把胎儿视为想象中的朋友，认为自己的身份因怀孕而强化了，管控型的母亲则觉得自己的身份似乎受到威胁；引导型母亲把分娩视为她和孩子的人生转变，但管控型母亲可能把分娩视为一种痛苦的经历。

我之所以提起这些差异，是为了帮你把那些感觉正常化。如果你周遭的孕妇及家长大多与你的类型相反，你可能会感到孤单。很多主张单一类型的论点、习俗、传统、指南、书籍都想说服你，其中一种类型比较好。但真正重要的是，不管你属于哪一类型，你都应该诚实面对孩子与自己。这样做表示你承认你的先天倾向与感受，也表示你是因为先天倾向与感受，而肯定你自己的做法。

准父母的练习

注意即将为人父母的体验，在你的身上唤起了什么感觉。

你正积极奔向为人父母的道路，还是感到焦虑不安，想要逃离？

注意你对于为人父母的期望。思考如何管理这些期望，并注意这些期望如何影响你的行为。

举例来说，如果你充满担忧，老是想着"万一……怎么办？"可以试着把"万一……怎么办？"改成"如果……那又怎样？"

如果你以为孩子需要用哄骗的方式才会乖乖听话，你可以挑战这种想法，思考如何跟孩子培养关系，而不是操控孩子。

把你的身体想成你和宝宝沟通的主要工具，想象宝宝开始熟悉你的身体并感到自在，想象你也开始觉得宝宝在你肚子里你很自在。

对宝宝说话，让他听见你的声音。

期待与宝宝见面的一天。

已经为人父母者的练习

如果读完上述内容后，你觉得自己怀孕期间的态度是"错的"——例如，你觉得压力很大，很情绪化，那可能是荷尔蒙造成的，也可能是因为你担心很多事情——你应该立即原谅自己。我们都想要理解周遭的世界，因为理解可以给我们一种掌控感。但理解世界时，不要让自己觉得你造成了无法修复的裂痕。

例如，你可能告诉自己，你或伴侣在你怀孕期间非常紧张，以至于孩子现在有注意力不集中的问题。事实上孩子之所以是现在的样子，并不是任何环境因素造成的。与其怀疑你怀孕时做错了什么，现在注意观察孩子的状况，更能帮孩子解决问题。要相信你是根据怀孕当时所拥有的知识和资源，为自己做的最好的决定，借此忘却那次充满压力的怀孕体验。自责对任何人都没有帮助。

● 宝宝与你

接下来的内容是谈你与宝宝第一次见面的方式——分娩，以及产后最初几分钟、几小时、几周、几个月的感受。

虽然我们都希望分娩时顺顺利利，马上与宝宝产生紧密的联结；虽然大家常把这段时间描述成人生中最重要的时刻，但其实那不是童话故事，而是真实人生。也就是说，事情可能不会照计划进行。

为了让我们感到安心，为了让我们安度分娩过程及分娩后的最初几天，我们可能需要一些"交感巫术"。必要时或想要时，请寻求帮助——没有人能独自面对这件事。当你需要建议时，只听从那些让你感觉安心的建议，而不是那些你觉得很夸张的建议。在令人放心的建议指引下，你会觉得日子过得一如往常，不会因为任何意外状况而精神崩溃。

● 规划分娩

你可能已经考虑过哪种分娩方式适合你——无痛分娩，或水中分娩，或某种介于两者之间的分娩方式。

花点时间做些研究是值得的。你应该为你认为最理想、最少创伤的分娩方式做计划，这会让你和宝宝有一个好的开始。

我相信你一定听过其他产妇的分娩经验，你的分娩不见得会照计划进行。你可能原本计划打无痛分娩针却无法打；你也可能原本决定自然分娩，最后却紧急改成剖宫产。但只要你尽量维持计划的弹性，并在必要时改变计划，事先规划可以让你更贴近想要的分娩方式。这有点像规划你想要的生活：你所能做的，是朝着你想要的方向前进，然后灵活地因应你无法控制的状况。

我怀孕的时候，想要一个平静、自然、安稳的分娩方式，我为此规划了一套分娩计划。我确实希望以这种方式生下孩子，但女儿出生的过程完全出乎意料。当时胎儿的心跳速度下降，脐带绕颈三圈，所以现场必须打开大灯，助产士用真空吸引器迅速把胎儿拉出来。

当然，很多人的平静分娩计划确实按照计划进行了。

我女儿一出生就马上被送进加护病房。我感到一阵失落，因为我觉得产妇和新生儿一开始就有肌肤接触很重要（我现在仍这么想）。不过，至少我们都还活着。后来检查显示她没有问题，但院方还是采取了预防措施，以防问题发生。

我可以下床后，马上去了加护病房看我女儿。现场的医护人员竭尽所能要我离开，但依然赶不走我。这个故事我已经讲过好几次了，因为我觉得那次分娩经历实在太震撼了。如今过了二十五年，我已经可以心平气和地讲述那段往事，但还是需要一点时间来平复心情。

● 讲述分娩经验

在怀孕与分娩结束后，无论过程有多么痛苦或震撼，只要胎儿是活的，大家都觉得我们应该心存感激。但我认为，除了心存感激以外，讲述经验也很重要，而且为了重新获得一种平衡感，你讲多少次都没关系。这可能也是你怀孕时听到许多可怕的分娩经验的原因——因为经历震撼的人更需要讲述。

成为新手父母本身就不容易，更何况还要克服分娩时遇到的各种状况。即使那是一次美好的经验，你也会觉得那是一次重大事件，需要讲述出来。

请记得，世界上没有十全十美的事情。人生的意义，就是在每次出现出乎意料的状况时，尽快让人生回归正轨。出了什么问题并不重要，重要的是我们如何解决问题。你努力去了解宝宝并建立亲子关系时，就是在回归正轨。

女儿出生后与我分离，我不知道那段经验是否增加了我身为新手妈妈的焦虑，或是使她刚出生那几个月情绪比较焦躁。或许，即使没有那段分娩后的母女分离，我们也是如此。但我确实感受到的是，女儿刚出生的那几个月，我有时觉得孩子似乎很难安抚，这让我感到焦虑。她出生时受了太多苦。我逐渐学会安抚她以后，自己在过程中也获得了些许安慰。所以，如果分娩对她来说是一种创伤（对我来说也是），最终我们母女俩都修复了那个创伤。

● 吃奶的本能

面对孩子的时候，我们往往很匆忙。例如，我们匆匆忙忙地进入分娩，加速分娩过程，迅速给宝宝喂母乳，急着训练孩子睡一整夜、断奶、坐起来、站起来、走路、说话、独立、置产、为退休储蓄等等。但如果我们放慢速度，好好观察孩子能做什么，我们可以学习不疾不徐地生活，孩子可以教我们更好地活在当下。

有一个惊人的例子发生在产后不久的时候。宝宝刚出生时，天生就懂得自己寻找乳房，研究人员把这种现象称为"吃奶的本能"。瑞典卡罗琳学院的怀德斯顿（Widerstrom）与其他的研究人员发现，婴儿出生后，直接把他放在母亲的腹部，婴儿会自己找到母亲的乳房。刚开始约十五分钟，几乎没什么动静，接着婴儿会动用腿部来推动身体前进，中间穿插着几次休息。

约莫三十五分钟的时候，婴儿先把手放到嘴边，手部抓握的反射动作使他能够碰到乳头并刺激乳头。四十五分钟后，开始出现搜寻及吸吮的动作。五十五分钟后，婴儿会自己找到乳头并开始吮吸。随后的研究也一再显示同样的结果。而且，如果母亲的乳房上有羊水，婴儿似乎更容易自己找到乳房。

婴儿天生就有寻找乳头的本能，这点并不令人意外，因为这对其他哺乳动物的新生儿来说也是常态。就像其他的动物一样，婴儿有多种自然的反应以促进生存，其中最明显的一种反应是用哭声告诉你，他需要你的陪伴，或需要换尿布、拥抱或喂食。

另一项研究显示，相较于放在母亲旁边婴儿床内的婴儿，与母亲持续保持肌肤接触的婴儿哭得较少。产后二十五分钟，那些有肌肤接触的婴儿平均只哭六十秒,那些放在婴儿床上的婴儿平均哭了十八分钟。产后五十五到六十分钟,那些有机会吃母乳并持续保持肌肤接触的婴儿根本没哭,对照组则哭了十六分钟以上。产后八十五到九十分钟,有肌肤接触的婴儿平均只哭十秒,放在婴儿床内的婴儿则哭了十二分钟以上。

婴儿跟其他哺乳动物一样,会自然地做这些事情,但我们似乎太热衷于干扰这个过程。还有一些因素也可能造成干扰,例如止痛药或剖宫产。很多婴儿(包括你我小时候)被剥夺了这种自发性的生命开端。

上述的研究显示,我们可以观察宝宝,并借此了解他们能做什么及需要什么。观察宝宝时,我们可以用一种更自然的互动节奏,从观察中获得更多的线索,而不是单向地对宝宝做事情。让宝宝发挥本能去寻找母亲的乳房吃奶或做出其他自然的行为(例如盯着你看,哭着呼唤你),是在尊重他,信任他,也是从一开始就帮他了解,他是一个有行动力的人,一个与你有关系的人。

● 最初的关系

怀孕期间,你的感受、你吃的食物、周遭的声音、你身体提供的养分,都在告诉胎儿你的故事,以及你周遭环境的故事。宝宝出生后，这个故事仍会继续下去。

许多父母对新生儿会立即产生亲密的情感，而且充满了爱，就像艾玛一样。

我总是担心我无法和孩子（约翰）建立亲密关系，因为我对别人的孩子从来不感兴趣。但当护士把约翰放到我怀里时，我一下子就爱上他了，他真的很棒。

我的分娩持续了十个小时，这个过程中我走了很多路，用了一个生产凳，对我很有效。分娩过程很痛苦，但随着宫缩一波又一波地来袭，中间的空档我还能休息一下。我觉得，事先知道分娩会遇到什么状况对我帮助很大。分娩快结束时，我出现了胀气。

约翰出生后，我为其他的妈妈感到难过，因为我觉得她们的孩子都没有约翰那么好看哈哈！

我并未意识到，分娩是如此特别的体验，所以多数妈妈和我都有同样的想法和感受。也许其他的妈妈也会因为她们的孩子更好看而同情我！

像艾玛这样的反应,可能是因为"爱的荷尔蒙"——催产素激增所致。分娩过程中施打的药物,或分娩过程中受到的惊吓或创伤,都会干扰催产素的释放——这表明你可能不会出现艾玛描述的那种母爱盈满的状态。

米娅的经历就是如此。

———

我的孩子卢卡是人工引产的,分娩过程极其痛苦,是我体验过的最严重的疼痛。我没有打无痛分娩针,因为麻醉师无法把针扎进去。

卢卡出生时,我除了感到震惊以外,没有其他的感觉。我妈妈来陪我生产,我请她抱着卢卡,不知道为什么,我就是觉得自己还没准备好。后来,卢卡被送到新生儿加护病房一天。

产后最初两周,我甚至难以相信他是我儿子。我还曾认真考虑过做 DNA 测试,因为我确信加护病房搞混了我的孩子和别人的孩子。幸好有我妈妈在身边,她平静地倾听我的想法与忧虑,不跟我争辩。她只告诉我,这种感觉不会一直存在。我妈妈陪伴我们母子俩一个月。她常说:"哦,卢卡的眼睛很像你。他就像你小时候一样。"

渐渐地,我开始和卢卡亲近起来。

直到卢卡六个月大时，我才真正感觉到我们母子之间终于有了牢固的关系。在婴儿游泳课上，我把他抱到泳池里，他挥着拳头打水。他抬头看着我，笑了起来——我们一起相视大笑。坦白讲，刚开始几个月很难熬。我觉得我是在"假装"我们的母子关系很亲密，那样做虽然帮我撑过来了，但也令我感到沮丧。

不要因此以为你是怪胎，或觉得你是"唯一"有这种产后感受的人。你需要的是一个愿意倾听你及接受你的感受的对象，好让你也接受自己的感受。你需要接受你目前的状况，而不是责备自己没达到你认为该达到的境界。这是米娅与卢卡建立亲密关系的关键。米娅的母亲没跟她争论，也没告诉她，她的感觉是错的，只是帮她确认她的想法。

- 练习：宝宝有什么感觉？

躺在地板上。想象一下，当下你孤独、饥饿、口渴、不舒服，却无法用言语表达的感觉。想象一下，你只有身体与感觉，但无法坐起来或翻身，也没有归属感，你只能躺在那里体验感觉。

> 现在，想象一下，有人来拯救你，把你抱起来，让你感到舒服，搂在怀里，使你产生归属感是什么感觉，尽管你依然无法用言语表达，没有过去，没有未来，只有现在、身体和感觉。

● 支持：为了呵护孩子，我们也需要获得呵护

你感到空虚疲累时，可能很难给孩子陪伴、尊重和温暖的回应。为了呵护孩子，我们也需要获得呵护。不过，话又说回来，你可能也会惊讶地发现，自己竟然有那么多潜藏的能量，而且竟然可以撑很久。不过，潜藏的能量毕竟不是无限的，如果你真的感到疲惫，请寻求支持。

这种支持可能是实际的帮助，让你有充足的精力更关注孩子或补充睡眠。这种支持也可能是找到倾听你的人，陪你一起感受。这个人不一定是训练有素的心理治疗师，亲友只要能理解为人父母常见的感受，都很适合担任这种倾听者。

你需要记得，你的感觉或想象的事情并不会伤害孩子，你对待孩子的方式才会伤到他们。想想马克的例子（见 P.12）。他心里想要逃离，但逃离的念头并未对儿子产生不利的影响，因为他并未真的离开。

以下是夏洛特的故事：

我曾经有过想要伤害孩子（罗珊妮）的可怕念头。

她晚上哭个不停，不断地吵醒我，我实在很想把她扔出去或大力摇晃她。这些想法比她的哭泣更令我心烦，我为此感到羞愧，心想我要是对任何人透露这个想法，罗珊妮可能会被强制带离我身边。接着，我又胡思乱想，或许罗珊妮真的被带走比较好。以前我唯一有过的类似想法，是青春期时想要杀死父母。但那些想法不像我对女儿的想法那么可怕。我是真的觉得我可能会失控伤了她。

我再也受不了自己的时候，鼓起勇气向姐姐倾诉。她告诉我，每个人偶尔都有可能这样想，她的因应方式是看着自己那样想，仿佛在听一个讨厌的人说话，但你根本不想被他影响。

姐姐能接纳我，而不是认为我疯了，这一点确实对我有帮助。从此以后，我内心那个想要伤害女儿的念头就开始淡去了。万一那个念头再出现，我可以再找姐姐谈一谈。当初早点说出来就好了。

身为父母，如果你把那些不得体的想法、感受或想象埋在心里，只会让它们变得更强烈、更难管理。大方地说出那些想法，找个地方宣泄感受很重要，这样才不会真的去做那些事情伤害孩子。

你需要的支持，是一个真正倾听你的人，一个理解你的意思、接纳你的所有感觉的人，他就像某种平静的容器，包容你的一切。那个人之所以能够平心静气，是因为他知道，无论你有什么焦虑或经历什么厄运，那些事情终究都会过去。他的温和乐观可以帮你渡过难关。这就是前面那个例子中米娅从母亲那里获得的帮助，也是本例中夏洛特从姐姐那里获得的帮助。

你需要这种支持，因为宝宝也需要你包容他的所有感觉，而不是视他为麻烦。此外，不是只有母亲需要情感上的支持，父亲也需要。人类不该是孤立、沉默、坚强的，我们是群居动物，是团体的成员，你应该寻求团体的协助。

现在要养活一个家庭比上一代困难得多，因为现在买房或租房的费用是过去的好几倍。在我们等待政府机构改善这种状况时，可以寻求上一代的人在经济与情感上的支持。

我们需要协助，这样我们才有良好的心态与孩子培养亲密关系，而不是陷入育儿的疲惫中无法脱身。希娜的故事告诉了我们为什么会发生这种情况，以及万一发生这种情况，如何回归正轨。希娜是兼职造型师，她已经有两个孩子，又怀了双胞胎。

希娜临盆前的一个月，被告知双胞胎中有一个胎儿发育不佳，需要引产。那次分娩对希娜和双胞胎来说都是痛苦又危险的经验。双胞胎中的其中一个（查理）出生时健康状况很好，另一个（泰德）先天不足，需要放在保温箱里。希娜和可怜的泰德留在医院，查理先回家了。

住院那四周，希娜一直在照顾泰德，直到泰德出院。希娜的丈夫贾德是知名的音乐家，工作时间很长，经常在外巡演，没办法抽出更多的时间陪伴家人。

希娜出院回家后，依然无法适应自己是双胞胎的母亲这个角色。她继续雇用之前协助照顾孩子的看护师来照顾查理。在认知层面上，她知道查理是她孩子，但实际上她没有那种感觉——她觉得查理是看护师的孩子，泰德才是她的孩子。由于这种想法令她很不安，她想摆脱这种想法，尽快回归正常。

为了不胡思乱想，希娜刻意向大家展示她过得很好。她经常去酒吧，直到凌晨才回家。她的感受像冲击波一样不断地打击她——生双胞胎的冲击、难产的冲击、差点失去泰德的冲击，以及最糟的，觉得查理不是自己的亲生儿子所带来的冲击。每次她感到这些冲击时，她没有深入探究原因，而是花更多的钱请保姆来照顾孩子，让她有机会外出，摆脱那些想法。

每次查理哭泣时，她从来不会去安抚他。如果保姆正好不在，她会叫其他的孩子、丈夫贾德、她的母亲或清洁工来帮忙安抚，她这样做是为了转移自己的注意力，以免被自己的感受压垮。

她后来说："反正除了我以外，任何人都行。"她自己安抚查理的方式，就是想办法转移他的注意力，而不是陪伴他，把他抱在怀里哄他。

直到查理四岁时，希娜才在情感上接受他是她的儿子。她说："我有三年多的时间，一直处于震惊的状态。当我开始走出阴影时，才意识到这点。"

这一切对查理有什么影响？现在，这对双胞胎十岁了。希娜的另外两个孩子和泰德都过得无忧无虑，只有查理很焦虑、很黏人。他无法把任何人际关系视为理所当然，为了讨人喜欢，他总是努力付出。希娜说，查理愿意为泰德做任何事情，但泰德对他远没有那么周到。朋友和家人都觉得查理想要取悦别人是一种缺乏自信的表现，因此不喜欢他。这使问题雪上加霜，也使查理更加努力想要获得他人的接纳。他对人际关系的不安全感，很可能是因为刚出生那段时间他与母亲分离，以及母亲回来后又无法与他培养亲密的亲子关系所致。希娜说，查理只在一种情况下比较放松：她和他独处的时候。但是希娜有工作，又有四个孩子，要抽出时间和查理独处并不容易。

不过，每周希娜都会和查理一起去上一次艺术课，就只有他们两人同行。希娜说这样做很有帮助。艺术课若是遇到假期停课，她还是会利用上课的那两个小时，陪查理一起做艺术品，就只有他们两个人。

我问希娜，如果她在早期做了哪些改变，就不会有这些问题了。她说那次分娩要是没那么痛苦，她就不会承受那么多的冲击，她觉得那些冲击是导致她不愿承认自己是双胞胎母亲的原因。但造成关系破裂的主因，是孩子出生后的那四周，她无法和查理在一起。她说，出院回到家后，她觉得查理闻起来不像她的孩子，但泰德闻起来像。当初若是接受心理辅导，她就能坦然面对发生的一切，并说出那件事情对她的影响。尽管查理在哭，希望希娜能注意到他，但希娜自己也需要获得理解及关注。她无法了解自己的感受，更无法了解别人的感受，尤其是查理的感受。这让她想转移注意力，总想逃离查理，把他交给保姆照顾。

如今希娜很喜欢查理，也很享受和查理独处的时光。她尽可能抽出时间陪他，借此修补早期的裂痕。养儿育女的时候，我们一定要尽最大的努力。我一再强调，在亲子关系问题上，关系破裂并不可怕，重要的是你如何修复它。

现在希娜正在巩固她与查理的关系，查理对这段母子关系日益感到安心。随着渴望获得接纳的心渐渐放下，查理变得越来越快乐。

虽然我们不再像婴儿时期那样有如海绵般大量吸收外围信息，但我们也不是冥顽不灵的石头。我们一辈子都在持续建立人际关系,也可以重新培养关系。如果希娜没有积极处理她与查理的关系破裂,查理长大以后,在恋爱关系上也可能出现同样的不安全感。对他来说,爱更像是一种渴望获得接纳的痛苦,而不是相互结合的快乐。

将来,查理可能需要更多的协助,才能在人际关系中展现更多的信任,不再那么痛苦。他需要父母告诉他早年经历的那些故事,他才能理解为什么自己会有那些感受而且这并不是他的错,更不是因为他不像别人那么讨人喜欢。

希娜的丈夫贾德并未注意到希娜和查理的关系出了问题,他自己也没有试图和查理建立关系。如果查理出生以来,他就担负起照顾孩子的责任,而不是完全依赖保姆,我相信查理对人际关系会更有安全感。我很支持家长在育儿时多找一些人手帮忙,但孩子依然需要和父母建立最主要最牢固的关系。

讲这个故事不是为了指责希娜和贾德。贾德的做法跟他家族里的所有男人和许多传统的男人一样——把育儿工作留给妻子与保姆。这种文化形态很难打破,根深蒂固,除非我们充分意识到它的存在并提出质疑。

希娜以转移注意力的方式来因应这种复杂情绪,而不是努力克服它,可能是因为她小时候的看护者也是以这种方式对待她的。就像她的丈夫认为育儿不是男人的职责一样,我们很容易相信某种行为是"自然的",但那其实是别人灌输我们的观念,那种观念可能对亲子关系有害。这不是"坏父母"或"好父母"的问题,每个人都尽了最大的努力,但是,如果我们能意识到文化与教养中的陋习,尽力去规避,我们就能修复裂痕,获得更健康紧密的亲子关系。

多数父母在育儿方面需要亲戚或保姆的帮忙,以便投入工作,哪怕只是抽个空去洗澡。然而,孩子人生中最重要的人应该是父母(切记,我所谓的"父母",是指对孩子负有主要责任的人,所以"父母"可能是指养父母、继父母、监护人,而不是暂时协助育儿责任的人)。每个人都需要一个主要关系作为人生中的精神支柱。保姆终有离开的一天,那可能会破坏主要关系,对未来产生影响。孩子需要感觉到父母把他们放在首位,尤其是刚出生的那几年。

- 练习:你需要什么支持?

在一张纸的中间写下你的名字,或画一个代表你的符号。 在你的周围,写下或画出你的支持网络。 想一下谁会毫不犹豫地支持你,你会想向谁求助。 例如,你的母亲会第一个出现,帮你找出问题,倾听你的诉说,并主动表示帮你支付一年的房租;你的姐姐会二话不说就帮你准备食物;你的伴侣可以陪伴你,帮你做家务,赚钱养家。

你还需要自己去寻找其他方面的帮助，例如建一个群，号召处境相似的父母加入，或者在需要时去寻求专业人士协助。

如果那些外在支持会主动产生，就在他们和你之间画一条实线。

如果那些支持需要你去寻求，就画虚线。

想想你可能需要的支持类型，包括情感支持及实际支持。找出支持图上的空白，然后采取行动去填补那些空白。

父母不仅在孩子出生后需要支持，在孩子需要依赖你们的任何时候，都需要支持。所以这个练习可以每隔几年重复一次。

依附理论

当婴儿是什么感觉？

和孩子相比，你拥有一个巨大的优势：你对于为人父母会遇到什么状况，多多少少有一些概念。你可能看过父母照顾弟妹，见过其他的父母带孩子，你可能记得小时候的感受，可能看过亲子教养的文章和书籍。最重要的是，你也曾是婴儿，那个经验会存在于无意识的记忆里，即使你不记得，但它仍在那里。

相反，婴儿并不知道作为孩子是什么感觉。他以前也没当过婴儿，婴儿的任何经历都是第一次，他无法想象每件事情是什么样子，但会试着记住经验。

任何事物的最初体验都会形成最深刻的印象。成年的我们，产生第一印象的机会越来越少。我们第一次见到陌生人时，会对那个人产生印象，但不会改变我们对一般人的整体观念，因为那是很久以前就确立的。

如果你去一个新的地方度假，那里的人碰巧都很和善，天气也很适合你，那个地方可能会让你产生美好的联想，日后你每次想到那里都很怀念。同理，如果婴儿对世界的第一印象是一个安全舒适的地方，一个有归属感的地方，他的生活会比较轻松。无论遇到什么麻烦，只要他觉得自己总是受到重视，有归属感，又讨人喜欢，他就不会轻易偏离轨道，即使稍有偏离，也会很快回归正轨。婴儿是从最早的照顾者（亦即你）那里获得这种感觉，如果他从最早的照顾者身上得不到这些信息，就会产生别的想法。

想象你突然发现自己身处于沙漠中，没有食物，没有住所，没有饮用水，更糟的是，你完全孤立无援。一小时后，你会有什么感觉？两小时后呢？如果你看到远处有一些人呢？为了引起他们注意，你会疯了一样尖叫、呼喊、挥手，你会拼命求援。也许婴儿的感觉就是如此。

婴儿从母亲的子宫来到外面的世界，子宫是一个与他的需求同步的自然环境。婴儿出生后，必须向我们表明他的需要。我们需要解读婴儿的身体信号以判断他需要什么。婴儿设法沟通，我们又迅速做出适当的反应时，就好像那个在沙漠里的人,设法引起别人注意并获救。

如果独自一人在沙漠里,是你这辈子的第一次体验,你会根据别人对你求助后的反应来形成你的世界观和个性。最重要的是,在你需要陪伴时,无论你被迫独处多久,都会在你的内心深处留下一种感觉、一种情绪。那种感觉会始终萦绕在你生命中,直到有足够多的其他体验改变那种状态。

婴儿来到这个世界时,先天就会与他人建立依附关系。根据依附理论,无论一个人与他人的依附关系是轻松的、亲密的,还是充满关爱的,或是缺乏自信、黏人的、复杂的,或者他觉得自己与他人难以亲近,甚至欺骗自己独来独往更好,那都是源自婴儿时期他所受到的对待。

依附关系的四种主要类型是:安全型、不安全/矛盾型、逃避型、排斥型。你一定想要培养"安全型"的依附关系。为此,首先值得思考一下,你小时候,你与照顾者之间是什么依附关系。如果做出有同理心的反应对你来说很自然,你想培养安全型的依附关系比较容易。如果你以前没有安全的关系,你在与孩子相处时,需要更体贴关怀孩子,更有自我意识,更深思熟虑。

安全型的依附关系

如果在襁褓时期你对亲密关系与食物的需求通常都能获得

满足，长大以后，你会觉得其他人都很好。这表示你可以信任他人，与他人相处融洽，心态乐观，很容易培养亲密关系，这些都有助于你过上美好的生活。你能认同自己，也能欣赏他人，这会让你的生活更幸运。就好像你突然被扔进沙漠时，总是有人援助你，你不需要拼命吸引别人的注意，就有人前来帮你。

这就是我们想达成的目标。

有时父母会担心，因为婴儿几个月大时，突然变得很黏人。他可能只想要你，而不愿去找别人，这是很常见的现象。婴儿之所以会有这种反应，是因为他有安全感（这是好事），但还没有发展出心理治疗师所谓的"物体恒存"（object permanence）概念，也就是看不见某人或某物时，依然感觉到某人或某物存在的能力。如果你经常满足宝宝的需求，他们迟早会培养出物体恒存的概念，那个黏人的阶段很快就会过去。

不安全/矛盾型的依附关系

如果在襁褓时期你的需求总是不能获得满足，你常需要长时间哭喊，才能得到关注，有时甚至哭喊很久也无人过问，你会觉得自己遭到忽略、漠视，以为你需要制造很多噪声才能获得关注。你无法把他人的陪伴视为理所当然，总有受宠若惊的感觉。你看不到自己的优点，也欣赏不了他人，难以对人产生信任。这就好像你必须在沙漠里不停地上蹿下跳,才能引起别人的关注。那些人通常会离你而去,不带你一起走。虽然人生的首次经历会留下深刻的烙印,但未来如果能调整关系模式,你还是有可能发展出安全型的依附关系。

逃避型的依附关系

如果你经常哭泣,但大家都不理会你的哭泣,你通常会放弃。你的内在信念会变成:"反正我无法获得关注,那又何必尝试?"你不相信自己对别人有影响力,不会期望别人理解你,你认为自己是独来独往的独行侠。你在沙漠中看到有人经过时,尝试几次求助后最终会停止挥手,因为你觉得挥手也没有意义——别人可能会认为,既然你没有挥手或哭泣,你应该不需要他们。这种关系模式的缺点是,在往后的人生中,你无法让别人接近你。不过,就像不安全型的依附关系一样,通过大量的练习与努力,你还是可以改变的。

排斥型的依附关系

想象一下,你在沙漠里,别人从不停下来。即使他们停下来,也不会看到你的需要,而是期待你满足他们的需要,甚至他们还虐待你,不给你食物,对你的身体造成伤害。想象一下，那会对你的信念以及人际关系有什么影响。你可能会把别人视为伤害的来源，你不会培养出同理心，你也不相信道德和良心。

> ● 练习：你属于哪种依附关系？
>
> 你能找出你与照顾者之间的依附关系属于哪种类型吗？ 你能够追踪这些依附关系，是如何在家庭中代代相传到你身上的吗？如果你觉得你是不安全型、回避型或排斥型的依附关系，你如何改进别人对你的方式，避免你对孩子也采用同样的做法？ 如果你是属于安全型的依附关系，你觉得那种安全感是来自哪里？你如何把那种模式复制到孩子身上？

强迫性的哭喊

你可能觉得婴儿的哭声听起来像一种要求，那是因为我们把婴儿的哭声称为"强迫性的哭喊"。人类先天就会对强迫性的哭喊做出反应，其实所有的哺乳动物都是如此，这对物种的生存极其重要。哭喊是一种警报，就像一群斑马中有一匹斑马注意到狮子，它把信息传达给群体后，大家都会立即做出反应。

婴儿的情绪通常不是很微妙或难以察觉的,婴儿感到痛苦时,哭声听起来很绝望,那是因为他确实那么想。如果你知道"想要"和"需要"对婴儿来说是同一回事,你就更能够理解婴儿。婴儿要是没有你,他无法生存下去。

如果你试图忽略强迫性的哭喊,你必须关闭自己的部分感官,做出违背本性的反应。那对婴儿的成长是有害的,因为亲密的陪伴对婴儿及亲子关系很重要。婴儿的大脑不是自己发展的,而是与周遭环境和其他大脑互动下发展的。大脑会根据我们的人际关系,持续发展到我们死亡那天。刚出生的那天、那几个月、那几年,是脑内多数联结成形的时候,所以婴儿需要我们在身边与他保持联系。

如果你小时候不是自然而然地获得回应,当你为人父母,被迫聆听强迫性的哭喊并做出回应时,那会勾起你以前受到忽略的感觉。我经常提醒家长注意这点。如果你对于为人父母这件事真的感到不安或绝望,请寻求支持。你确实需要有人来包容你的感受,而不是自己熬到快撑不下去了。你需要获得别人的包容,才有能力包容婴儿的感受。

婴儿在痛苦中感到无助及无法获得满足时,他们会开始抽离,切断自己与痛苦的联系。他们可能会停止哭泣,但研究显示,让婴儿学会在无人陪伴下入睡,他的皮质醇浓度和哭泣时一样高。抽离痛苦是哺乳动物的生存机制,那是一种反射,但缺点是，人偶尔会突然想起自己主动断绝的感觉。抽离记忆使人无法控制自己何时接触那些记忆，那些记忆可能在意想不到的时候突然冒出来纠缠你。

身为父母，如果你有一些痛苦的感受，可能很想知道原因是什么。那是因为你自己有小孩后，会触发你小时候抽离的感受，那些感受令你感到不舒服、不安、分心或困惑。触发点可能很微妙，但你依然会被触发。

如果你以不回应孩子来训练孩子不要哭，你是在教孩子怎么抽离感受。孩子表面上看起来可能很好，但未来他们稍大一些或成年后，这些感受会再度浮现。我认为这不是值得你冒的风险，而回应强迫性的哭喊并没有风险。

如果孩子还小时，你认为放任孩子哭很久对他和你都比较好，你读了上述的内容以后，可能会感到害怕或愧疚。现在你能做的，是开始认真看待孩子的情绪，别再觉得他的情绪不重要或是在胡闹。当孩子想要亲近你时，就让他亲近。你甚至可以告诉孩子，你之前做了什么，为什么你会那样做，让孩子知道那不是他的错。如果孩子突然感到很难过，却不知道是怎么回事，你告诉他那些话可以帮他理解自己的感受。无论孩子（或成人）年纪多大，觉得自己受到认真对待都是一种很好的心理疗愈。如果认真对待你的人是你的父母，无论你说什么，他们都不责怪你，那确实是最温暖的鼓励。

我们永远无法与孩子完美地同步，无法像胎儿在子宫里那样和他同呼吸共命运,误解及关系破裂在所难免。我们能做的是尽量去关心孩子,及时地回应他的要求,增加孩子的安全感,让他从子宫转移到外部世界的过程尽可能顺利。你听到的哭声是本能的强迫性呼喊。孤独就像不舒服、口渴或饥饿的感觉一样,需要被人关注,才能维持个人心理健康。

● 不同的荷尔蒙,不同的你

在怀孕期间及分娩之后,你可能觉得以前的感觉都放大了十倍。维多利亚怀第二胎九个月了,她说:"我看冬季奥运会的滑冰比赛,突然看到我支持的那个女选手摔倒了,输了比赛,我不禁哭了起来。我以前不是这样的,我不会那么情绪化。"

维多利亚,那可能不是以前的你,却是现在的你。如果你对事情的感受比以前强烈,不要马上以为你不对劲。你并没有发疯,虽然你的感受放大了,那并不表示那些感受不重要,或你感到激动的事情对你来说不重要。例如,看到女性运动员竭尽所能参赛却输了,那可能象征你的焦虑。你突然为她哭了起来,那或许可以让你的情绪尽快释放。你看到她再次站起来,为下一场比赛做准备,她就是你的好榜样。

荷尔蒙,或导致情绪高涨的任何触发因素,都可能会让你出现突如其来的感受，但那其实只是放大你已经存在的感受。敏锐的感受可以帮你更注意自己和宝宝的需求，并做出积极的反应。

● 不要害怕孤独

婴儿不是唯一感到孤独的人。虽然你有九个月的时间来适应为人父母的感觉，但晋升为父母是一夕之间的转变。在原本的生活逐渐消散、新生活尚未确立之前，感到孤独是很常见的现象。新手父母通常会感到孤独无助，除非你生活在大家庭里，或处于亲人朋友的包围中，他们都在你身边，而且和你很亲近。

朱莉三十二岁，有个女儿。孩子的父亲约翰在孩子两个月大时离开了她。朱莉告诉我："我当初没料到我需要独自抚养孩子，苏菲出生不久，约翰就离开了。"朱莉很震惊，惊慌失措，也感到孤单。孤独是一种折磨许多父母的感觉，即使他们没遭到伴侣抛弃，也会感到孤独。更令朱莉感到孤立无援的是，她的父母对她漠不关心也不愿承认这个事实，她已经束手无策，不知该怎么走下去了。

以前大家把孤独感与一个人社交能力差或有点古怪联想在一起，所以孤独的人难免被污名化。我们不该如此看待孤独，任何人都有可能陷入孤独。那种感觉很强烈，因为它会提醒你需要做的事——寻找同伴。人类不是孤立的动物，我们是群居动物。需要吃东西时，我们会感到饥饿；需要离开灼烧的火焰时，我们会感到身体的疼痛；需要与他人在一起，让自己获得关注及接纳时，我们会感到孤独。孤独是一种必要的感觉，就像饥渴一样。忽视孤独感会对你有害，因为那是导致身心健康恶化的主因。

我们知道孤独的感觉有多糟，那为什么不加入团体或结交更多的朋友呢？遗憾的是，加入团体或结交朋友并不那么容易。朱莉一想到她除了带孩子之外，还要想办法排解孤独的感觉，就感到身心俱疲，那就像兼职一样费神，她根本没有精力。

排解孤独之所以让人感觉如此困难，还有另一个原因。孤独感会引发一种对社会威胁与排挤的高度警戒状态，使我们对于自己可能遭到排斥或冷漠对待异常敏感。当我们对人心存戒备时，我们的行为反而更有可能导致我们遭到拒绝。我们觉得自己被边缘化，但又不敢把自己拉回中心，以免再次被排挤——因此我们又进一步抽离人群。这就是当你预想自己会遭到拒绝，结果就完全应验的原因。

丈夫离开后，朱莉的信心一落千丈，她觉得自己"很没用"。一想到要加入父母互助会，或去参加当地的母婴合唱团，她就毫无动力，只想蜷缩在家里，大门紧闭。不仅人类会有这种感觉,把任何群居生物从群体中隔离出来,他们都会对重新加入群体或加入新群体犹豫再三,担心自己遭到排挤,从而显得更加孤立。

研究显示,老鼠和果蝇与群体分隔后,就不会再回归群体中,而是留在边缘。和老鼠与果蝇相比,我们有一个优势:理性可以凌驾本能,帮我们获得需要的东西。然而,说来容易做来难,我们会想出五花八门的借口,阻止自己去做。最常见的理由是觉得自己不如人,("他们都知道自己在做什么,只有我不知道。")或觉得自己高人一等。("我才不想加入一群只会讨论断奶和尿布的家长。")

朱莉几个月前还是一位称职的人力资源部专员,现在却无法加入一个团队,这样的演变似乎令人讶异,但那其实很正常。陷入孤独的人,更有可能认为自己比其他人优秀或糟糕,因此蔑视社交的概念,并以此作为不加入团体的借口。这两种思维模式——"我太好了,才不要加入那种团体"和"我不够好,不适合加入那种团体"——都导致一个人日益退缩,并强化了社交孤立感。

对朱莉来说,承认自己的孤独,并说服自己加入团体以排解孤独,是一大进步。

我加入了一个母乳喂养互助会，我是在 Facebook（脸书）上发现的那个团体，它对我影响很大。每周我们都会到彼此的家中聚会几天。让其他的妈妈聆听我的经验，那感觉很好。当我可以给予她们支持时，我也觉得自己不再一无是处。我们这个团体也在网络上互动，三更半夜时，大家分享的经验特别宝贵——毕竟，那个时候只有我们还醒着！我总是习惯对自己说"我很没用"，当我把这种心理向其他妈妈倾诉时，感觉轻松了很多，也慢慢地有了改善。

- 练习：排解孤独

1. 准备好辨识自己何时陷入孤独。不要否认它，也不要因为感到孤独，而对自己妄下负面的评断。
2. 了解孤独对你的影响。切记，作为社群动物，感到孤独是危险的。
3. 学会辨识那种高度警戒状态，以便克服它——不要像果蝇那样。 很多情况下，新手父母不想参加团体活动，是因为他们对团体感到不屑或觉得自己不如别人，你应该注意自己是否出现那种优越感或自卑感。 孤独让你产生了不信任感，那种自以为高人一等或不如别人的想法，只是你紧抓着不信任感不放的借口。

4. **主动走出去，让别人可以接触你。** 看看你附近有哪些亲子团体，看你是否能上网认识附近的其他家长，邀请朋友来找你或去拜访友人。

产后抑郁症

女性做母亲以后患上抑郁症有许多原因，孤独可能是导致产后抑郁症的一个因素。产后抑郁症的症状包括：易怒、极度悲伤与绝望、感觉自己一无是处、焦虑、失眠、感觉每件小事都需要付出很大心力、想要逃避他人、生出自残的念头。极端的甚至会出现精神病症状。

每年有10%到15%的新手妈妈罹患产后抑郁症。几项研究显示，多达10%的父亲也会罹患这种心理失调症。

以下是葆拉罹患产后抑郁症的经历：

我不抱瑞奇时，他就尖叫；我抱起他时，他也尖叫。我把瑞奇交给丈夫时，他似乎比我更清楚该怎么做。我开始对自己产生怀疑。帮瑞奇换尿布时，我怕我会弄伤他。我感到非常羞愧，所以每当有人问我还好吗（包括来探望我的家访护士），我都回答"很好"。

我确信瑞奇一定有什么问题，因为他哭得很厉害。我带他去看全科医生，但医生找不出任何问题。这让我感觉更糟了，我为"带他去看医生"这件事感到羞愧。

我开始觉得瑞奇没有我可以过得更好。我甚至无法给他喂奶，因为乳头痛得要命，感觉好像有针穿过似的。用奶瓶喂他让我觉得自己更像个失败者。

瑞奇十二周大时，情形变得非常严重，我整个人崩溃了，丈夫和哥哥都发现我照顾不了孩子，他们再也不相信我说我"很好"。我不得不承认我很想死，想逃走。我从来不曾感觉那么糟，那么凄惨，那么沮丧。那种感觉比做妈妈还令人难以招架，一团愁云惨雾笼罩着我。

而且这种情况对我的丈夫来说也很辛苦，因为他必须承担大部分的育儿工作。他虽然不像我一样陷入抑郁，但他也觉得疲于应对，当然就更没时间顾及我的感受及其他一切。他要求我去看心理医生，接受治疗，当时我感到很生气,好像自己被他一把推开了。他和孩子才是一家人,我是被抛弃的人。

如今回顾那段时期,感觉很不真实,因为那时我真的打算自我了断。我觉得我死了对大家都好。我是真的打算照计划进行,但我想先尝试一下心理治疗。治疗师叫我回想我的童年,我不记得了,就去问家人。表姐告诉我,我三个月大时,父母把我托付给阿姨及保姆照顾,接着就出国一个月。我问父母为什么这样做,我父亲说,当时他们很厌倦整天和孩子腻在一起的生活,需要休息一下。我母亲告诉我,他们回国后,发现我不认得她了,她很生气。她说那些话的语气,好像还在生我的气似的。

我觉得很难过,原来在我小时候,他们并不喜欢我,我也为他们丢下我出国而感到生气。我终于明白为什么瑞奇对我来说像个陌生人——因为我对我的母亲来说也像陌生人。我终于明白为什么我觉得我丈夫和瑞奇才是一家人,而我被抛弃了,因为我在襁褓时期真的被抛弃了。我开始心想:"难怪我觉得我无法做好妈妈,因为我父母也没做到。"

找到这些前因后果对我有一些帮助,不知不觉中我开始慢慢地好转。

瑞奇八个月大时,我终于意识到我是他的母亲,我必须陪在他身边。我开始接受我是为了他而存在,他也是为了我而存在。瑞奇哭的时候,我更能理解,更同情他,而不是把他的哭泣视为对我的惩罚。我每周做心理治疗,一年后,虽然尚未回归正常的自我,但我更能接受新的个人常态。我渐渐地了解这个全新的自己,甚至开始喜欢上这个新的自我。

顺便提一下,我儿子现在已经二十二岁了,很善良可爱。

像葆拉这样,通过对心理治疗师叙述自己的故事,来了解自己的感受是有帮助的。

当我们勇敢说出自己对孩子的感觉与反应,并让这些想法获得理解及接纳时,就拥有了深思熟虑的能力。我们说得越多,就越不会把自己当成怪物,因为那些可怕的想法都只是想象或幻想(我们想象自己可能伤害婴儿,或幻想逃离婴儿,过自己的生活)。切记,幻想只是幻想时,是无害的。谈论幻想与感受可以帮我们找出它的起源,即找出那种感受在我们成长过程中的脉络。

每个人都需要一个不会妄下评断的交谈对象,一个我们可以理直气壮在他面前充分做自己的人。因为你面对孩子的时候,你也需要成为那样的人,让孩子可以理直气壮地充分做自己。那个人可以是了解你的伴侣或亲人,或者,你也可以找心理治疗师或心理医生谈谈。不要因为你觉得自己的状况还不够糟，不需要就医，或觉得你的状况太糟，怕吓坏别人，从而讳疾忌医。生孩子会带来身心的改变，各种不同的荷尔蒙都在放大你的情绪。如果这些感受导致你不愿与孩子或家人互动，寻求支持或专业人士的协助是好主意。

以下是格蕾琴的产后抑郁症经历：

我是朋友圈中第一个有孩子的人。我怀念以前的生活，想念工作，想念与人接触。在工作中，我表现优异，业绩出色。而身为母亲，我却总觉得自己什么事都做不好。我加入一些妈妈群后，常拿自己和其他妈妈比较，发现自己样样不如人。

孩子哭的时候，我觉得很烦，根本不想安抚他。带孩子外出的压力太大了，我觉得我会把婴儿遗忘在店里，所以干脆不出门。我也不喜欢有人上门来看我，因为我懒得去开门，有些日子甚至连换下睡衣都嫌麻烦。我分娩时用了产钳，整个分娩过程对身体损伤很大。我睡眠质量很不好，入睡后，会不断醒来，一再想到生孩子的可怕体验。

丈夫下班回家以前，我会赶紧换下睡衣，他回来时我会告诉他一切都很好。因为我怕他发现我的无能，怕他指责我。他注意到我很紧张,微微颤抖,问我怎么了。我对他说"我只是睡眠不足,我没事",但其实我的状况很不好。我逼自己去参加附近的一个母婴团体,团体里有一个成员叫苏西,她说她难以胜任母职,并描述她的感受有多糟。其他人开始给她建议,那反而使她感觉更糟。我鼓起勇气说:"我也有同感。"我把自己的经历告诉她,我们成了朋友。

苏西还给我介绍了另外一个团体,里面的女性都罹患产后抑郁症,她们自组了一个日间托儿所。我们这群妈妈聚在一起时,只做手工,像小孩一样,把碎布粘在纸上做拼贴画。但是,那对我们每个人来说是最棒的安排。因为我们聚在一起缝东西时,大家就只是随意聊天,说些心里话,非常放松。当我意识到我不是怪人,其他人也有同样的经历时,我的抑郁症开始有了好转。

三年后,我和儿子关系良好。虽然一开始有些不顺利,但我及时调整了自己的状态,没对儿子造成多大的伤害。现在我有了第二个孩子,女儿在一年前出生了。这次我不再孤立,我也不再像以前一样拼命追求完美,如果达不到目标就把自己看作失败者。当然我不觉得这是我生下儿子后陷入抑郁的原因,我认为那是荷尔蒙分泌的问题。

———

切记，孩子诞生后，你的经验和感受没有对错之分。无论你觉得那些想法有多怪异及不寻常，都不要把它们藏在心里。你可以像格蕾琴这样，找一些想法相同的人谈谈，果断地寻求帮助。活在当下，寻求认同，不仅是对自己负责，也是对孩子负责。

> **● 练习：为人父母隐藏的想法**
>
> 下面的练习是心理治疗中的意象导引（guided visualization）。它会要求你在脑海中想象一个场景，它的原理是要你真正地探索那个场景，以找出你隐藏的内心深处发生了什么。
>
> 想象三个房间。第一个是接待室，接待室有两扇门，分别通往第二个房间和第三个房间。把这座有三个房间的房子想象成"你身为父母"的隐喻。
>
> 在你的脑海中，想象你走进接待室，那是你接待访客的地方。在这里，你有你的公众形象。
>
> 第二个房间是你感到最不确定的地方，可能也是你最生气、最后悔、最羞愧、最沮丧、最伤心或最不满意的地方。在为人父母方面，那是充满困难与脆弱的部分。你走进那个房间，大胆地感受在那里的感觉。环顾四周，记下你看到的一切，不要妄下评断。花时间待在那个房间里，感受身在其中的感觉，注意你

的呼吸。 如果你正屏住呼吸或呼吸很浅,请恢复正常的呼吸。 最后一次环顾这个充满困难的房间,然后回到接待室,回到那个公共空间。 注意你关上那扇门,但你知道困难依然存在的感觉。

现在打开第三个房间的门。 那是你感觉最正面的房间。 在那个房间里,一切都很顺利,你以身为父母而自豪,你感受到你与孩子在一起的快乐,甚至比你在接待室时还要自豪。 环顾一下这个正面的房间,看里面有什么。 继续观察,并注意你在这个房间里的感受。

很好。 现在回到接待室。 你站在接待室时,你已经很清楚那两扇门后面是什么。 切记,别人看到我们有小孩时,我们都有那些房间以及为人父母的公众形象。 我们对于自己身为父母都有一些感受,有我们感到自豪及难以启齿的一些事情。 重点是,不要拿我们那个充满困难的房间去比较别人为人父母的公众形象。

切记,我们都需要一位肯包容的人,来聆听我们讲述接待室以外的那两个房间。 那个人可以听我们分享喜悦,也可以接纳我们为人父母所带来的不确定感。

PART 5

培养心理健康的孩子

我们的社会终于开始讨论儿童的心理健康问题以及如何改善了,真是可喜可贺。但遗憾的是,儿童心理健康正面临危机。在这个部分中,我会经常提到孩子刚出生的那几周、那几个月、那几年,因为那些时间都是培养孩子安全感的关键时刻,我也会一直强调,即使你的孩子已经长大了,现在采取行动来修复早年发生的破裂永远不晚。

遭到剥夺的童年不见得会导致日后的心理问题,理想的童年也不见得能保证一个人长大后的心理健康。但是话说回来,我们可以做一些事情,尽可能降低孩子出现心理问题的可能性。为了他们,也为了我们自己,我们应该选择一种最有可能培养健康身心的亲子教养方式。

● 亲子关系决定心理健康

心理健康的最重要指标之一,是亲子之间的紧密关系。

人类是群居动物,我们在部落里生活了几千年,天生就会培养人际关系,那是人类这个物种生存的方式。最主要的人际关系是亲子关系,你和孩子之间会培养这种关系,孩子天生也会与你形成这种关系。

那么如何打造一个让你和孩子都觉得很满足的健康幸福的亲子关系呢?我已经讲过陪伴婴儿有多重要,我们需要在婴儿体验感受与情绪时,陪在他身边,不让他感到孤单。我也讲过婴儿的身体靠近父母有多重要。除了身体贴近以外,我们在情感上是否也要贴近婴儿或幼儿呢?毕竟,这时亲子之间还无法用言语沟通。

亲子关系是靠给予和接受的互动培养出来的。所谓给予和接受,是指父母与孩子对彼此的影响。我影响你,你影响我,我们一起形成一种独特的关系,不同于我们与其他人的关系。这种互动关系是不知不觉中在你和婴儿之间发生的,或已经发生了。我从婴儿开始谈起,因为那是亲子关系的起点。我主张的互动交流以及类似合作共舞的对话,其实也适用于各种人际关系。

互动及来回交流

最初婴儿发出声音时，他是在和你沟通。婴儿的声音、手势、强迫性的哭喊，以及启动轮流游戏的方式，都是他们开始对话以前的互动方式。婴儿这样做是希望你跟他"礼尚往来"地交流。

如果你这时嘘他，叫他安静，你是在告诉他，他的交流方式不受欢迎。被大人嘘了几次以后，久而久之，孩子可能会觉得大人不喜欢他。我从来不会嘘小孩安静。我觉得以关爱的方式，把奶嘴送到孩子的嘴里安抚他，那没什么问题，但我不赞成把奶嘴当成塞子，塞住互相交流的机会。

在孩子学会表达感受之前，我们要认真观察他，以察觉他释放的信号。他可能才刚出生几分钟或是才几岁，但他有一套独特的世界观。最快乐的家长是心态开放的，他们愿意从孩子身上学习，借由接纳孩子的观点来扩充自己的观点。孩子本人及观点获得尊重时，他也自然会学会尊重别人。

如果你的孩子还是婴儿，你盯着孩子看，以手势与脸部表情跟他"交谈"，这正是你需要做的。这个"游戏"可以培养来回互动，帮你强化亲子之间的联结，因为它拓展了你们的关系。之后，随着语言逐渐取得主导地位，我们会开始忽略亲子之间的身体交流，但那种交流依然存在。观察孩子，倾听孩子，以了解他的心声，也让孩子对你产生影响，这依然很重要。事实上，这对成人关系也很重要。

在交流中，无论是只有表情和举动，还是包含声音或话语，双方都会相互影响。我所谓的"举动"，是指所有的身体动作，有些是刻意的，有些更像是身体之间的交流，并从交流中洞悉彼此的情绪和意图。在这种交流中，不是其中一方只负责传授及给予，另一方只负责接受及吸收。不是只有一方影响另一方，而是双方都会影响彼此。令人满意的关系就是这样发展出来的。

相互影响是所有人际关系的关键——对亲子关系来说也是如此。我们很容易陷入匆忙的状态，于是一段人际关系不是以稳定而平等的节奏来回交流，而是变成一方处于主导地位，另一方处于顺从地位。当我们没有给对方留下回应的空间时，这种情况就会发生。如果这变成一种习惯，关系就会迷失方向。

你可以把它想象成一个班级的老师。愿意配合学生的情况调整教学方案的老师，会找出学生已经学会了什么，并通过头脑风暴的方式维持学生的兴趣。他在传授下一批信息以前，会先检查学生是否了解他的授课内容，这种课程是有交流的、高效的。如果老师只单方面灌输学生信息，而根本不管学生吸收与否，学生可能会感到不满或不安，而且也学不到很多东西。

当我们没有影响力时,感觉最为失落,也对人际关系最不满意。这个时候,无论我们说什么或做什么,都没有人或组织理会我们,我们开始感到绝望、孤立或叛逆。所以,让孩子来影响你吧。你是在示范如何受到影响,这很重要,因为孩子看了你的示范以后,也会接受你对他的影响。

● 如何开始交流

早期交流的一个方法是一起呼吸。婴儿的呼吸最初是自动的。随着时间推移,婴儿学会自主掌控呼吸,调节呼吸。他会把呼吸调整到和抱着他或躺在他身边的大人同步。

呼吸的同步是培养亲子关系的关键。我躺在宝宝的旁边,让我的呼吸和她的同步,当我注意到我俩呼吸同步时,感觉很满足,也很感动。

或许这也是我们对孩子唱歌,也跟孩子一起唱的原因(不管是儿歌,还是流行歌曲),因为一起唱歌就是一起呼吸,一起玩耍。

呼吸练习

面对你的伴侣或朋友,轮流跟随对方的呼吸模式。注意你跟随对方模式时的感觉，以及你引领对方时的感觉，一直做到你放松为止。

这样做一段时间，至少做到你找到了练习时产生的感觉。

● 互看游戏

另一种与小婴儿互动的方式是玩互看游戏：两人先看着彼此，接着看往别处，双方轮流启动这个游戏。这种游戏之所以独特，是因为这是你们一起发明的游戏。在游戏的过程中，婴儿可能面无表情地转过头去，接着就一直看着别处，不再回头了。这时家长可以休息一下，静候宝宝做出下一个动作。等婴儿再次带着好奇与微笑的表情回头看你时，家长可以用温柔的高音说："哦，嗨，你回来了！"接着，婴儿可能重复这个流程很多次，直到他满意为止。

母亲和四个月大的婴儿在给予和接受、观看、倾听、回应之间来回切换时，研究人员可以预测，婴儿一岁时，母婴之间会建立安全型的依附关系。如果我们套用沙漠的比喻，这就好像婴儿从沙漠中被救出来的感觉，他会觉得自己是受欢迎的。他会觉得自己的需求（包括人际关系的需求）能获得满足。

当然，就像人类的任何事情一样，亲密关系也可能出问题。身为父母，当你不观察、不倾听、不从孩子的角度看世界时，你会打断或干扰这个自然的流程。因此，如果父母"忽略"太多来自婴儿的暗示，或者对婴儿要求太高，婴儿不太可能在这种关系中感到安全，也就是说，父母开始细心观察及积极反应后，才会改变亲子关系的模式。

你可能会觉得这种协调的互动关系很累人，要求很高，既不自然又不轻松。这不是你的错，那可能与你婴儿时期获得的反应有关，或是因为你本身无法自然地与他人协调。

● 交流恐惧症

我自己也觉得这种互动不太容易，需要下功夫。这或许是因为我成长的过程中，很少获得他人的倾听，也没有被体贴入微地照料过。可能你下意识认为，一方（成人）应该永远当行动者（the doer），另一方（孩子）永远是接受行动者（the done to）。这种情况下，互惠交流就卡住了。

你和孩子相互适应时，你会自然而然地让孩子影响你，并觉得倾听及回应孩子很自然、主动、容易吗？不是每个人都有这种自然反应，有些人需要刻意练习才做得到。也许你注意到，你对于让孩子影响你（无论孩子是婴儿、幼儿或成人）有些抗拒，这就是所谓的"交流恐惧症"，亦即害怕对话，害怕受到他人的影响，害怕变成"对方行动的对象"。

我们在婴幼儿时期获得怎样的对待，成年以后通常也会以那种方式来对待婴幼儿，就好像我们天生的反应能力被抑制了。也许你在襁褓时期被照顾得很好，但没有体验到互动和交流。如果大人没有认真看待你的感受；大人不把你当成有情感和需求的人看，而是把你当成"玩具"；大人只把你当成"宝宝"、"孩子"或"诸多孩子之一"，而不是一个个体；大人不让你影响他，总是让你独自待着，那你就有可能患上交流恐惧症。

对婴幼儿来说，获得回应是一种需要，而不是渴望。如果我们不回应孩子的哭声、眼神或者他发起的"来回交流游戏"，如果我们无视孩子的需要，他可能培养出不安全型的依附关系或回避依恋的性格特征。这将使他成年后很难拥有正常的人际关系。

如果你觉得你有交流恐惧症，请不要自责或感到羞愧。现在你知道你做什么会干扰互动了，你可以做出改变，让你和孩子彼此回应。对于你能够察觉这个问题并勇敢面对问题，你应该感到自豪。有时候，发现别人有交流恐惧症，比觉察自己还要容易。你可以试着注意，你是否经常回避你与孩子之间的互动。注意你是否常对着孩子说话，而不是仅仅与他对话。互动是一种本能，你可以学习顺从那种本能，给予孩子需要的相互关注。

你读到这里时，可能有种悔不当初的痛苦："太迟了，我和孩子之间已经有交流恐惧症。"千万不要这么想,你随时都可以改善亲子关系。你可以开始倾听,开始从孩子和你自己的角度看世界,允许孩子与你不同,让孩子对你产生影响。即使孩子已经成年,当他发现父母能够平等地看待他,理解他的行为与话语时,他也会觉得意义重大。当然,你可以在孩子成年之前修复亲子关系的裂痕。如果你意识到你一直在逃避你与孩子的互动,你可以停止这种做法。我不是说你应该完全放弃自己的立场与所有的观点,只听从孩子的意见,我绝对没有这个意思。我只是主张,孩子看待世界的方式和你的观点一样重要。

我们来听听四十二岁的约翰怎么说。

我妻子最近问我:"为什么每次别人告诉你一些事情,你就觉得受不了?"我听了很震惊,她的话也促使我思考。我发现,当我意识到自己不懂某些事情时,就会觉得很丢人。妻子告诉我,我的口头禅是"我知道"。我确实常动不动就这样说,无论我是不是真的知道。

后来有一天,我去探望父亲。他需要服用很多药物,常搞不清楚,所以我帮他画了一张图表,写清楚何时该吃什么药。他语带讽刺地说:"你以为我活了八十六年,还不知道怎么看药瓶上的标签吗?"我发现,他也讨厌别人告诉他可能不知道的事情。

父亲长期以来抱持的态度（"我不需要你告诉我任何事情"），从以前到现在一直伤害着我。其实他比较合宜的回答应该是："谢谢你画那张图，我是有点糊涂了。"但他受不了别人告诉他怎么做，尤其是听儿子说。虽然我已经四十几岁了，但是对他来说，我还是个孩子。

接着，我也意识到我从未倾听过儿子，因为我一直觉得他想告诉我的事情，我早就知道了。我注意到他也从我这里学到"我知道"这个口头禅。

我妻子一直在帮我变得更开放，更用心倾听，不要为自己不知道的事情感到羞愧。现在我会让儿子展示东西给我看，不再以一种高高在上的姿态面对他，这确实改善了我们的亲子关系。我以前不懂得给孩子留出空间，我认为沟通应该是单向的，只能我对他说，就像老师给学生讲课。但现在，我正在学习为孩子留点空间，让他告诉我他是谁。我也在学习了解他是谁，而不是假设我知道他是谁。

我是典型的大男人，不爱问路，因为我受不了别人告诉我一些我不知道的事情。但现在我学着随时向任何人问路，承认自己不知道的事，也不再为此感到羞愧。自从我做出改变后，在很短的时间内，我和儿子变得比以前更亲近了。

有时我们做出改变（例如决定不受交流恐惧症的影响，约翰就是如此），会担心产生可怕的后果，但这种小小的行为改变，往往可以带来很多的好处。

- 练习：注意你的行为模式

孩子想获得关注时，如果你几乎每次都想到你还有更紧急的事情需要处理，例如家务、工作或打电话，于是你以那些事情为借口推开孩子，那可能是你的交流恐惧症又犯了。

注意你什么时候有这种反应，然后停下来，克服那个想要把孩子推开的反应，让孩子一起参与你需要完成的工作。

- 练习：你愿意听他人告诉你一些事情吗？

别人告诉你一些你早就知道的事情时，你有什么感觉？如果别人告诉你的事，是你觉得你应该知道却不知道的事，你有什么感觉？请不要以你回应这些问题的方式回答，而是说出这种事情发生时你有什么感受。无论这个练习让你产生什么感受，那些感受是否可以追溯到你的童年？

你不必时时刻刻与孩子面对面互动。但研究显示，你和孩子在一起时，若是忽视孩子对关注的请求，孩子会很失落。

在一项实验中，研究人员要求妈妈与宝宝面对面坐着，但不对宝

> 宝做出任何表情,也就是说,不表现出任何情绪反应。母亲这样做仅仅三分钟,婴儿就出现失落的反应,露出焦虑、尴尬、难过的表情,而且持续好几分钟。你可以把它想象成放任婴儿不理。
>
> 儿童需要照顾者的互动,否则会产生无助感,以为他的行动毫无效果。如果婴儿能用言语表达感受的话,他可能会想:"如果我无法影响你,那表示我不存在。"这是有些婴儿放弃尝试的原因。我们对婴儿的暗示反应不足时,是在无意间教他不要尝试。

● 专注观察的重要性

很多时候,我们以为自己在倾听,但实际上是在等待空档以回应对方。我们花精力去构思要如何反应或回话,而不是去理解对方想表达的意思。停止那样做并让对方影响你,可能会令你感到恐惧。

我们说不出口的恐惧是,如果我们真的倾听对方,让自己受到影响,我们可能会被他人控制,那种感觉确实令人害怕。不过,事实正好相反,我们会因此成长。

以下是乔迪与小乔的故事。

小乔刚出生那几周非常黏人，让我感到精疲力竭。只要她一哭，我就马上去安抚她，时间久了我实在吃不消。无条件回应她的要求让我失去了自我，仿佛被她主宰了。

后来我尝试着观察她的反应，我和她在一起时，会给她更多的关注，她就不再像以前那么黏人了。我慢慢掌握了诀窍，在她感到不舒服之前，先解读她发出的信号，提前预防哭泣的情况发生。

我做家务或工作时，会不停地和小乔聊我的感受——哪怕她根本听不懂——让她跟我也制造"聊天"的机会。我不需要做任何事情时，就全心全意地关注孩子，而不是刷手机或看书。

我发现，如果她看什么东西，我也跟着注意，让她带着我看她喜欢什么，那比一直拿东西给她看效果更好。她注意到某个东西时，我会把那个东西拿近一点，或是抱着她走过去瞧瞧。是她教我停下来观察，因为我已经忘记怎么做了。观察树叶或瓢虫，或是看《海绵宝宝》，并不会令我觉得新奇，但是看着她专注于某件事，让我充满了欣喜。也可以说是一种惊叹，或许这就是母爱吧。

等小乔长大一些，开始学说话时，我注意到当我仔细倾听她的时候，我们的母女关系总是更好。有时，我会忘了这点，光顾着自己说话或插嘴打断她的话。之后，她会变得不愿回应，我便意识到我又重蹈覆辙，回归以前那种沟通方式，那种方式对我们母女俩都无效。

为小乔留点空间让我变得更柔和，更加有爱，不只是对她如此，对其他的人事物也是如此。现在小乔快长大成人了，我也觉得自己比以前更成熟了，因为观察她，倾听她，从她的角度看事情，为我扩展了视野。现在讲起她如何影响了我，让我的内心充满了爱。那种爱也许是我做母亲之前不曾有过的，我觉得她把我的人生格局扩大了。

乔迪分享的是她的亲子关系，以及她从亲子关系中学会的相处方式与应对方式。通过真正的倾听，而不是只想着她该如何反应或想传达什么，她与孩子建立了深厚的爱，彼此亲密无间。每个人都可以这样跟孩子相处（无论是婴儿、幼儿或是成年的孩子），甚至可以用于任何人际关系。

● 当你沉迷于手机时会发生什么

如果你的身体离孩子很近，却没有察觉孩子发出的信号，例如你在刷手机或看电脑，这可能为孩子带来困扰。想想你和一个朋友一起出游，他却花很多时间刷手机，那感觉很讨厌，对不对？你的个性或多或少已经成形了，别人那样对你，并不会伤害你，只是影响你们的友谊。然而，孩子的个性正在成形，他也正在培养与你相处的习惯。

我们知道酗酒者和吸毒者很难成为好的父母，因为对他们来说最重要的是让他们上瘾的酒和毒品，所以他们很少会去关注孩子。我觉得手机上瘾者也差不多。我不建议你长时间在孩子面前刷手机或查看电邮。这样做不仅剥夺了亲子接触的时间，也会让孩子感到空虚。这不是夸大其辞，那种空虚可能使人日后对某种东西上瘾，以阻止那种遭到忽略的空虚感再来纠缠他们。

此外，孩子也可能因此对手机上瘾，像你一样沉迷于网络世界，取代现实生活中的联系。

你可能因为需要和他人保持实时联系而离不开手机。你的孩子也有同样的需要，但他们更需要与你联系才能促进大脑发育。人在孤立状态下无法正常成长，人需要真正的人际接触。

帮你照顾孩子的人，无论是保姆、朋友或亲戚，也需要注意沉迷手机的问题。如果你或孩子的照顾者老是盯着手机屏幕，孩子也会想要盯着屏幕。如果你读到这里突然意识到你常忽视孩子，不要马上就想："我已经毁了孩子的一生。"并没有那么严重。你只要停止那样做，为孩子留出充足的交流空间，就能修复亲子关系。

● 我们天生就有交流能力

有一个观察母亲反应的实验,让母亲一直面无表情地看着自己的宝宝,大部分母亲无法做到。由此可见,婴儿发出的信号有多强大,我们先天就习惯因应他人的信号,只是需要让这种习惯表现出来。

我们生来就有交流、互动、轮替的能力。这个流程从出生就开始了,而且不会停下来。或许在出生之前就开始了,比如分娩过程也是一种轮替(宫缩之后暂时停歇,停歇之后又开始宫缩)。在交流中,一个人的行为会引起另一个人的持续回应。在亲子交流过程中,父母和婴儿有各自不同的节奏,双方都会注意对方,并互相学习。婴儿和父母一起形成一种独特的相处模式。婴儿可能和一个家长发展出一种模式,和另一个家长发展出另一种模式,婴儿和哥哥或姐姐也会发展出不同的模式。每种关系都有不同的模式。

这些模式不是由成人主导的,而是由婴儿与成人共同创造的。这些模式也不会固定不变,它们的变化取决于参与者的情绪与投入程度。有时双方都可以"抓住"彼此,有时双方无法交流,那就需要做一些调整。

通过观察、实验，以及修复之前无法交流的状况，就能知道孩子想要什么。你会了解到孩子的某种眼神意味着"我准备好露出更多的微笑了"，下一次你会知道另一个类似的眼神意味着"喂我吃的"。如果你无法了解婴儿的哭声或手势意味着什么，那也很正常，没有关系，你还是可以用自己的方式回应他。重点不是那些信息代表什么意思，而是互动的模式。

我还是新手妈妈时，比较有经验的父母告诉我，很快我就能理解婴儿的哭声了，一种哭声意味着婴儿渴了，另一种哭声意味着婴儿太热了。我听了以后，觉得自己很不称职。对我来说，哭声并非表达不满足的语言，而是一种声音，一种不同的交流方式，需要我的关注、观察和投入，它不是一本不存在的婴儿字典。一旦观察与交流的模式建立起来以后，感觉就容易多了。

婴儿通过与家人在一起来学习交流及建立联结，家庭成员也是通过与婴儿在一起来学习，每个家人都会和婴儿培养出独特的交流方式。就像优秀的脱口秀演员解读现场的所有观众，配合现场气氛来表演。每个场子的观众都不一样，每个婴儿的反应也不一样。经过几个月的互动后，双方都会更了解彼此，并学会如何以双方都感到满意的方式相处。观察与轮替在这方面扮演很重要的角色，尽管那些行为大多是下意识的。

以下是西蒙的故事：

我观察儿子内德时，发现他从出生后就开始主动交流了。我不是每次都能理解他想对我表达什么，但是观察他可以帮我了解。我逐渐明白哪些信号表示我需要立即处理，哪些信号表示不太紧急。

内德刚满两岁时，会说不少单字，还会讲一些短句。但他不知道自己需要什么，所以我仍要通过观察来解读他的需要。

上周末，我们和另一个家庭一起去餐厅用餐，他们家的孩子年龄比较大，内德很喜欢和他们聊天和玩耍。后来，我注意到他的目光变得有点呆滞，不再看他们。我以前通过观察了解到，内德对某种东西感到厌烦、需要安静的时候，就会有这样的表现。如果我们没注意到他目光呆滞了，接下来他会开始哭泣，甚至大发脾气。

这次我注意到了，所以我赶快站起来，问内德要不要出去散步，他点了点头。我把他从儿童座椅抱起来，带他走出餐厅。我们坐在外面的草地上，他靠在我身上休息了一两分钟。然后，他去摘雏菊给我，我们开始玩一个熟悉的游戏，我数着他递给我的雏菊：一朵雏菊、两朵雏菊、三朵雏菊。数完后他再把雏菊都拿回去，然后再递给我。

慢慢地，我看出来内德恢复了平静与专注，目光也不再呆滞。玩完雏菊游戏后,他又四处寻找其他的东西来关注。

我说:"我们回到餐厅把饭吃完好吗?"

他点了点头,拉着我的手,和我一起回到饭桌边。

一些育儿理念认为,婴儿对父母的影响很小(也就是说"要求不多"、"很乖"或"听话")是好事。但是,通过操纵婴儿使婴儿尽量不要对你产生影响,那是不人道的,你需要让孩子影响你。如果你不这样做,孩子必须过度调适才会产生归属感,那会使他们失去自我意识及一些人性(就像我们在襁褓时期可能也失去了一些)。婴儿还无法讲话,但我们可以通过观察来学着理解他。只要练习这种观察技巧,就能帮我们更了解孩子。

● 婴幼儿也是人

身为成人,我们知道关注我们接触的每个人是一种礼貌,但有些人偶尔会忘了婴儿也是人。请试着把孩子想成需要照顾的合作伙伴吧。

在事情发生之前,你应该先告诉孩子即将发生什么事,并停顿一下。养成这个习惯很重要。例如，假设孩子坐在婴儿车里，你要把他抱出来，放到汽车座椅上。你可以说："我现在要把你抱到汽车座椅上。"然后稍作停顿，等他听进去。接着向孩子确切描述正在发生的事情："现在我要解开你的安全带，把你抱出来，放到汽车座位上。"你可能会觉得这样讲话很怪，毕竟孩子还不会讲话，但人类是通过聆听来学习语言的。比语言更重要的是你和孩子之间的来回交流。

久而久之，当这种交流融入生活，孩子习惯这种做法，你也留出空间让他反应后，他会举起手臂让你更好地抱起他。你帮孩子换尿布或衣服时，也可以这样做。尽可能让孩子参与你的活动，尤其是那些与他有关的活动。

人在人际关系中才会成长。我们对他人越开放，对于对方的眼神、手势、激动或放松的微妙细节就会越敏感——因此更有能力避免让婴儿与自己感到不快与绝望。我们可以学会放松，学会观察婴幼儿，学会尊重孩子的个人活动，向孩子学习。这样做可以让育儿过程变得没那么漫长无聊（你也知道最初几个月或几年的育儿体验，给人漫长又无聊的感觉），因为它为育儿赋予了意义。

积极关注孩子绝对不会浪费心力。我们有时会误以为，劳师动众或倾尽所有才是对孩子好（例如带孩子去主题乐园，送很贵重的圣诞礼物，开生日派对）。这些事情可能很美好，但更重要的是日常互动。通过双方的反复磨合，日常互动的细节会让双方都尽可能感到满意,也帮孩子培养了幸福快乐的能力。

> • 练习:如何改善交流能力
>
> 为了进一步改善交流能力,想想你在倾听婴儿、孩子或成人时,你是如何倾听与观察的。你是注意说话者的动作、语调、手势和表情,还是注意他说的内容,或者注意说话者让你产生的感受。
>
> 那么,什么情况会阻碍你的倾听与观察?你在心中提前准备你的反应,或你开始分心走神时,通常有碍倾听与观察。当然,这种情况或多或少都会发生,但你可以留意你何时停止关注说话者或婴幼儿,并把注意力拉回他身上。
>
> 多做练习,你就能成为更好的倾听者,并在交流中成为与对方对等的伙伴。

讨厌的孩子是怎么训练出来的

之前我制作了一个有关超现实主义的电视节目。我为该节目做研究时,得知画家萨尔瓦多·达利(Salvador Dali)以前求学时,头撞上大理石柱,伤得很重。有人问他为什么会撞到柱子时,他说因为没有人注意他。

婴幼儿得不到需要的东西,感觉没获得关注,或不确定他们能否得到回应时,就会进入试图引起注意的阶段。这时你和其他人会觉得他们很烦。

我可以换一种说法:你不可能因为敏锐地回应婴幼儿发出的信号而"宠坏"孩子。你在他人生的一开始投入的时间,会让孩子习惯去满足他对人际关系的需求。他会内化这点,知道他可以依赖这种关系,不必持续地寻寻觅觅。如果孩子得不到足够的关注,以后他只有在直接影响周遭人的行为或情感时,才有真实的感觉。

获得足够关注的孩子会有安全感,不会为了人际关系而患得患失(他不会太在意人际关系,也不会觉得自己必须引人注目——例如跳火圈或撞石柱——才能确保人际关系)。如果你不回应孩子对关注的请求,他会提高请求的声音,或是随着年龄增长,变得越来越调皮。来自父母的负面关注总是比毫无关注好,因为至少孩子知道你心中有他。

孩子变成麻烦之后,就更难和他相处,也更难去关注他了。那实在很可惜,因为这时他更需要关注,以修复早期的关系破裂。

如果你和孩子的关系让你觉得你们好像陷入了某种争斗,所有的关注似乎都是负面的,你觉得孩子就是在忤逆你,那怎么办呢?首先,你需要找个别的地方(离开孩子和住家),安全地释放心中累积的怒气。或是找一个不会随意评判你的人聊聊，或是去一个隔音的房间，捶打垫子，好好怒吼一番。

为了改变亲子关系以及你做的事情，你可以采用心理学家奥利弗·詹姆斯（Oliver James）所说的"温情轰炸"（love bombing）。詹姆斯说，为了重新设置孩子的情感恒温器（我想补充一下，也包括你的情感恒温器），你需要花点时间和孩子在一起。那段时间不是亲子相处的"优质时间"，而是"温情轰炸"时间，有明确的起始时刻与结束时刻，在那段时间里，孩子在合理的范围内可以发号施令，决定你在哪里，做什么事情。

"温情轰炸"是一对一的时间，所以你可以趁家人都去亲戚家做客时在家里进行；经济条件许可的话，也可以去旅馆进行。在整个过程中——二十四小时或一个周末——由你的孩子决定你们两个一起做什么及吃什么，只要一切安全合法就好。在那段时间内，你也要不断表达你对孩子的衷心感谢与关爱。

你可能会觉得，让孩子发号施令并对他展现大量的关爱，会使他的不良行为变本加厉，但事实不是这样。他人的关爱、称赞、关注，是你建立人际关系及获得力量的源泉。想象你觉得自己不受别人的关注、不被聆听，或遭到他们的虐待时，你获得他们关注的唯一方法就是搞破坏，让他们觉得你很讨厌。要是他们给了你需要的关爱和关心，你就不必刻意捣乱来寻求关注了。"温情轰炸"练习就是给孩子加强版的关注。那也打破了你们相互胁迫的行为模式，让你们重新启动一种良好互动的节奏与模式。

身为心理治疗师，我遇到过一些成年人，他们老是处于想要获得关注的阶段。若是得不到关注，他们会觉得很自卑，或觉得自己没有存在感。如果你对孩子发出的信号毫无反应，你就是在训练他们变成那样的操纵者。另一种结果是，孩子完全放弃人际关系，变得孤僻。给予孩子需要的关注是无可避免的，没有其他捷径可走。

关注孩子不是指你一直称赞他"做得很好"或是说他"最棒了"，那样做未必有效。关注孩子也不是要你评判他。孩子需要的是有来有往的对话。你在婴幼儿身上投入这种关注越多，未来需要弥补的裂痕越少。

你可以想象一下：火车上有一个家长带着一个孩子。孩子在长途旅行中坐着不动时，很容易感到无聊。家长可以跟孩子玩，陪他画画，读书给他听，和他一起玩游戏。或者，家长也可以选择一再告诫孩子要保持安静，坐着不动。和花时间告诫孩子，或忍受孩子的噪声相比，你和孩子一起玩乐或阅读（亦即互动）就愉快多了。此外，如果你在长时间旅行（例如火车之旅）的一开始就把精力放在孩子身上，孩子就会沉浸在你们一起进行的活动中。当他不需要你时，你就可以读你的书，或放松地做你自己的事了。

● 为什么孩子变得"黏人"

如果孩子正在经历一段只想要你或只想要另一个家长的阶段，不要担心，其实这是个好迹象。这表示孩子已经和你培养了稳固的关系，他已经有培养稳固关系的能力，那有助于他培养幸福快乐的能力。

孩子对父母和直系亲属的喜爱，胜过其他的照顾者，那是很自然的现象。孩子觉得亲子关系越安全时，越容易与他人建立稳固的人际关系——但只在他准备好的时候，所以别急着让这种情况发生。孩子黏你、渴望你、爱你的强度，有时会让你觉得太强烈，难以招架，但你应该好好享受它：那说明孩子已经对你形成强烈的依附关系。他们对这种依附关系越确定，就越有安全感，越不需要到处寻找这种依附的保证。

我记得一位母亲对我说："孩子非常爱我、需要我，我从来没遇到过那么热情的男性！"这个孩子后来就像其他的孩子一样，学会把母亲视为理所当然的关爱者，所以他现在很热衷和朋友聚会，也很喜欢去朋友家过夜。矛盾的是，帮孩子培养独立精神的关键，在于让孩子在准备好及想离开你的时候让他离开，而不是疏远他。

比较敏感的孩子需要黏着你并没有什么不好，想要独处的孩子也没什么不好。每个人都不一样，各有不同的需求。我们都会经历不同的发展阶段，但每个人都是以自己的步调发展。我不会给你一份标着年龄的里程碑，告诉你孩子何时该微笑、何时该学会坐着或站立、何时唱出一首歌，因为每个人都以不同的速度成长，晋升到不同的阶段，没有能力高低之分。帮孩子度过每个阶段的方法，是满足他在那个阶段的人际关系需求。这样一来，你和孩子就能顺利度过那个阶段，不会卡在那里无法前进。孩子的发展是催不得的，也不能忽视，否则孩子会卡住，停滞不前。你在开始阶段多在孩子身上投入正能量，后面就会轻松许多。

● 寻找育儿的意义

有些父母觉得婴幼儿时期育儿很辛苦，既枯燥又无趣。的确，那个时期是单调重复的体力活，而且你陪婴幼儿时所获得的乐趣与成就感，与你在职场上或社交场合获得的不同，也和你没有孩子的时候不同。度过这段辛苦期的方式，是对宝宝产生兴趣与好奇，注意他关注什么，找出他想做什么，而不是只想着跟宝宝在一起很无聊，或把宝宝想成"接受者"。

如果你老是觉得带孩子是一份工作，只是需要把他喂饱、擦拭干净、抱在怀里，那你就限定了养儿育女的意义。我对育儿的定义是：我的照顾、尊重与关注，是对我女儿及亲子关系的一种投资。如今回顾我女儿刚出生的那几个月和那几年，感觉那段日子过得很快。育儿的成果终究会出现的，只不过不会出现在每天结束的时候，就像其他工作一样。

我们养成倾听的习惯，并让孩子影响我们时，亲子教养会变得很有意义。当你投入心力帮孩子感觉他与你相连，也与他从事的活动或你们一起从事的活动相连时，你就是在培养他的稳定情绪。

培养孩子的稳定情绪

我们多数时间是处于正常、平静的状态，这就是所谓的"稳定"情绪。你与孩子自然互动的时间是一种投资，那有助于孩子培养稳定的情绪。

我们可能天生就有某种性情，但我们很多习惯性的感觉是从人际关系中培养出来的，尤其是亲子关系。你的孩子越放松（那可能是因为他得到足够的关注），就越容易培养稳定情绪，而不是经常焦虑或愤怒。

许多成人不得不在生活中努力学习如何放松，因为他们在襁褓时期习惯了焦虑、孤独，或其他不平静和不满足的感觉，那些感觉逐渐变成了习惯情绪。我想强调的是，你的孩子有各种情绪当然没问题，他们一定会有的，但他们在各种情绪中（从哭泣到微笑，从恐惧到愤怒）都需要陪伴。

人们第一次接受心理治疗时，常发现那是一种让人温暖的体验，因为获得倾听有抚慰的力量。也许有些人只需要获得充分的倾听，根本不需要治疗。用一种让孩子感到安全、被爱、被珍惜的方式去观察、倾听孩子，是对其稳定情绪的一种投资。

睡眠训练是一种控制

睡眠是一件大事——我不是指对婴幼儿来说是大事，他们该睡的时候就会睡；我是指对家长来说是大事。

这是一个带有情绪性的议题。家长常为了安抚孩子入睡的策略而争论，尤其当他们觉得自己找到的方法很有效时，却听到我说："放任婴幼儿在夜里独自哭泣是不仁慈、不明智的，这样做是不关心孩子，是把孩子当成物品看待，而不是当人看待。"我这样说不是为了羞辱家长，但我也不希望婴幼儿需要你时，被迫在夜里独处。孩子哭着入睡所感到的孤独，与大人哭着入睡的孤独感一样，都是痛苦的体验。

我不喜欢把"操纵"或"训练"用在孩子身上，因为孩子正在培养性格以及和主要照顾者形成依附关系。所谓的睡眠训练，是让婴幼儿自己哭到睡着，或哭到一定的时间后，你等几分钟再去看他，并且每晚逐渐拉长那几分钟的时间。有研究显示，这种训练方式可以缩短婴儿入睡的时间。甚至有研究指出，以训练的方式让孩子学会不要哭着召唤你，对孩子没有害处。但后来又有研究推翻前述研究的结果，指出早期研究的缺陷，他们发现睡眠训练会损害婴儿的大脑发育。

我们从睡眠训练研究中得到的主要结论是，睡眠训练不会消除婴幼儿对你的需要，只是帮你消除他对你的哭喊，因为那种训练方式迫使他放弃尝试。

家长非常需要好的睡眠是可以理解的，因为睡眠一再遭到干扰，会使人筋疲力尽。但我觉得，我们一心想让孩子尽快、尽早独自入睡，可能损害亲子关系，因此影响到他们日后获得幸福快乐的能力。这是因为婴幼儿无法通过独处来学习自我安抚及调节情绪，他们需要得到照顾者的抚慰。随着孩子成长，他们最终会学习把这种抚慰加以内化。换句话说，我们是通过别人的抚慰来学会自我抚慰。这种抚慰从一开始就是全天候无休的工作，新手父母可能对此感到不知所措。

如果你的孩子把睡觉和舒适、安全、陪伴联想在一起，他会觉得睡觉是一件很好的事。当我们想让孩子睡觉，却试图把他推开时，才会出现睡眠问题——这时孩子会把睡觉和孤独、拒绝联想在一起。

西方文化似乎很爱鼓吹让孩子晚上独处,这可能是因为我们重视个人生活的质量,社会文化也期望我们如此,不鼓励我们去顺应婴儿"强迫性的哭喊"。社会对父母与婴儿的期望,和我们天生的生理状态是相互冲突的。

我们需要记住一点,孩子很自然就会与父母分离。当他知道你在那里,随时找得到你时,他会觉得可以放心分开了,因为以后想再与你相连时,你一定会在那里。我们不该以疏远孩子的方式来鼓励他独立,因为那样做不仅干扰了分离流程,也延长了分离流程。此外,那也会干扰孩子养成安全型的依附关系的流程。

所有的哺乳动物都与幼崽一起睡觉,多数的人类也是如此。在南欧、亚洲、非洲、中美洲和南美洲,婴儿在完全断奶之前,甚至断奶之后(例如日本),都与父母同睡。西方社会觉得让孩子与父母分开睡是可以接受的,可真正这样做的只是少数。

婴儿哭泣时,若是获得母亲、父亲或其他熟悉的人的安慰,那是可忍受的压力。放任婴儿独自哭泣,那是有害的压力。有害的压力会导致皮质醇的浓度过高,对婴儿的大脑发育有不利的影响。

如果你偶尔因为太累睡得太沉,没听见孩子的哭声,对孩子不会造成长期的负面影响。只有当你习惯性放任婴儿在夜间独自哭泣,才需要修复裂痕。修复的方式是:接纳孩子的感受，不要试图控制他或责骂他，而是陪伴他，跟他一起感受，让他知道他不孤独。无论孩子几岁，这都是家长需要做的。

在孩子睡眠的问题上，你早期投入的时间越多，以后需要纠正的时间就越少。我认为最好的方式是带着同理心，陪孩子躺下来，或是陪在孩子身边，直到他入睡为止。这种方式可以让孩子学会把睡眠与感觉受到关爱、陪伴、安全联想在一起。你花时间陪孩子睡觉时，可能会改变你的睡眠模式，这很正常。婴儿醒来时，如果能闻到或摸到父母，对他是有帮助的，如果你可以和婴儿一起睡，你也不必刻意起身去安抚孩子。

没有人能一觉睡到天亮，毫无中断。成年人的正常睡眠周期约九十分钟，婴儿是一小时。我们可能以为自己一觉到天亮，但其实我们中间会醒来，或几乎醒来，然后又马上入睡。婴儿感觉你就在身边，可以摸到你时，他就不会完全惊醒。

如果你试过睡眠训练，请勿自责。在你听我说"孩子放弃哭泣后，压力荷尔蒙的浓度依然很高"以前，你可能不知道停止哭泣的孩子依然承受着压力。也许很多孩子都安然无恙地通过了睡眠训练——因为每个孩子都有不同的需求和不同的敏感度——但我自己绝对不会冒那种风险。

请不要生气地把这本书扔开。如果你曾经以忽视或延迟因应哭泣的方式来训练孩子入睡，我不希望你为此感到羞愧。社会给我们很大的压力，迫使孩子晚上安静地独处，这也难怪很多家长会采用这种方式。后面我会说明替代方案。睡眠训练是一种控制，不是在培养关系。它是把孩子当成"物品"，而不是一个独立的"人"。它试图以控制的方式，让孩子度过安静的夜晚，而不是让孩子按自己的需要和步调与你分离。

多数人对于自己的襁褓期没什么记忆，所以我们无法回忆儿时独自入睡是什么感觉，也看不出延续这种做法的伤害。我认为，睡眠训练除了让人养成绝望的习惯以外，也会使人丧失同情他人痛苦的能力。还有一种可能，睡眠训练以及强制婴儿晚上不要哭，会导致孩子觉得自己需要别人是丢人的事。

起初，婴儿天天哭泣，那感觉很像不分昼夜每分钟都在哭一样。幼儿也是每天哭泣，接着不知不觉中，他哭得越来越少。你安慰他时，他会学习如何表达感受。如果你忽视孩子的哭泣，他会学习不对你表达感受。感受接纳与安抚是一个人心理健康的基础。

我知道，你会说这似乎很有道理。我在这里无情地向你抛出事实与观点，显然没注意到你有多疲惫，实在很抱歉。但是相对于睡眠训练，还有其他更好的替代方案。一种选择是亲子同寝，你们晚上不需要分开。这样一来，宝宝就不会觉得自己被抛弃而感到孤单了。但不是每个人都能够或愿意与婴儿同睡。另一种方法是神经学家达西亚·纳维兹（Darcia Narvaez）提出的"睡眠逐步推进"（sleep nudging）。

● 什么是睡眠逐步推进

睡眠逐步推进不是以忽视孩子的方式让他安静下来，而是在孩子的容忍范围内劝孩子入睡。最重要的是让孩子在整个过程中感到安全。纳维兹教授说，首先，孩子未满六个月时，不要尝试这种方法。孩子出生的第一年，大脑的社交与情感处理部位——也就是他们心理健康的基础——正在发育，它与亲子间爱的互动有关。所以，在孩子准备好之前，不要启用睡眠逐步推进法。而且，每个孩子准备好的时间可能不一样。

前面提过，婴儿不是天生就知道他看不到一个物体时，那个物体依然存在。心理治疗师称之为"物体恒存"概念。所以婴儿独处时，他会觉得自己遭到遗弃了。我们看不见或听不见孩子时，仍然会感觉到他的存在，这种感觉已经根深蒂固了，所以我们很容易忘了这是我们后天习得的能力。

当孩子确实有了"物体恒存"概念后（我依然无法告诉你确切的时间点，因为每个人的发育速度不同。孩子可能先有恒存的概念，后来才在身体层面感觉到），就可以逐步推进他晚上独自睡觉。

第一步是注意孩子何时何地入睡时感到放心与安全。他可能是在吃奶时睡着，并在醒来后又在吃奶的过程中入睡。纳维兹称之为"舒适基线",这是你开始的地方。

接下来,抽离基线的最快步骤是什么?是在他昏昏欲睡但还没有睡着时停止喂奶,改成拥抱他,这样他仍然可以感觉到你的身体和心跳。如果你的孩子接受这个步骤,你可以重复这个做法,直到它变成新的"舒适基线",之后再进入下一步:进一步的分离步骤,例如在他昏昏欲睡时,让他躺下,抚摸他的额头,或进行安抚孩子的动作。再下一步是把孩子从你的床上搬到旁边的婴儿床。接着,把婴儿床移到更远的地方,最后是移到另一个房间。

在任何阶段,一旦孩子感到不舒服,就回归"舒适基线"。

我的经历:

我第一次逐步推进,是在女儿昏昏欲睡的时候,我停止哺乳,拥抱她。当那成为她的舒适基线时,下一个逐步推进是把她交给她的父亲,让他抱着她入睡。这样的安排原则就是让一个成年人陪她睡觉,另一个成年人在另一个房间睡觉。

女儿约两岁时,她要求有自己的房间,但是到了晚上,我们建议她一个人睡时,她吃惊地说:"哦,那里不是用来睡觉的,只是玩耍的地方。"于是,我们再次逐步推进,说我们会在那里陪她到睡着为止。她如果醒来,可以到我们床上,只要不叫醒我们、不说话就好。她接受了这样的安排,有时我们醒来时发现女儿在我们床上,有时她没出现。

她三岁时，就只在自己的房间睡觉了。四岁时，她很开心，也很放心，开始自己上床睡觉，而且是主动这么做，不需要我们推进。这一切都是按照她自己的主张：她选择自己上床睡觉，或要求我们其中一人在她准备好时去陪她睡觉。她从未抗拒上床睡觉，因为床一直是很舒适的地方，不是孤独的地方。

重点是，每次逐步推进都必须在孩子的舒适基线内。每个人的发展速度各不相同，对亲密度与个人空间的需求也不同，所以最佳时间点因人而异。适用于第一个孩子的方式，不见得适合第二个孩子。你要做的，是让孩子把床和消除疲劳、感到舒适、睡眠联想在一起，而不是和分离、孤独、绝望联想在一起。如果床和美好的事物有关，他就不会不愿去那里了。这可以帮他在童年获得充足的睡眠，你也知道睡眠对孩子发育很重要。

进行睡眠逐步推进（而不是睡眠训练），使用鼓励而不是惩罚的方式，会需要比较长的时间，但我认为是值得的。这样做的效果更为持久，也更容易在孩子成长的过程中要他独自就寝，对亲子关系也有帮助。

一个人被鼓励去做任何事情，那对人际关系来说都是好的；但是被欺骗、被故意忽视或被操纵去做某件事，会破坏人际关系。我知道，当你筋疲力尽时，要你把眼光放长远有多难,但我还是认为这是值得的。

我们期望孩子做的许多事情,他们都可以在没有指导的情况下做到,或是看我们怎么做,跟着模仿。如果孩子确实需要一些协助,把他们逐步带到舒适圈的边缘,但不要超过舒适圈,通常采取一种前进的方式。切记,如果我们做了他们可以自己做的事情,那反而是在剥夺他们的能力。

●帮助,而不是拯救

如果孩子能自己决定如何与父母分开,而不是父母在孩子准备好之前就离开他们,孩子就不会有不安全感或黏人。这种分离适用于夜晚的独自就寝、独自留在托儿所、独自去参加派对,以及任何没有你的情况。你可以采用"逐步推进"的方式,鼓励孩子适应这些情况——亦即前进到"舒适基线"——但如果你太急着要求孩子独立,那反而会产生适得其反的效果,因为那会破坏亲子关系,你还需要花心力去修复关系。你可能觉得是在鼓励孩子独立,但孩子可能觉得自己被你推开了,把它视为某种惩罚。我想强调的重点是,让孩子按自己的步调与你分开,你应该依循他的步调,而不是强迫他接受你的步调。

孩子迟早会自己睡一整晚,自己学会坐起来、爬行、走路、穿衣服、吃固体食物、自己做早餐、付房租。在孩子准备好之前就强迫他去做那些事情，是在打击他的信心，也是在打击我们自己。我们煞费苦心地教他或逼他做的许多事情，其实他迟早都能自己学会。揠苗助长，反而可能延迟成长。

例如，我们硬把婴儿扶成坐姿，而不是让他自己学会坐起来，那就剥夺了他学习的机会。婴儿不需要为了坐起来或走路而使用那些限制其行动的辅助工具，他只需要时间和空间来发现如何坐着，如何向前走。放任他自己摸索，他会翻身与扭动，并自己学会爬行、坐着、站立、走路。他也会学习如何学习，我们不必干预那些流程。

事实上，一个婴儿在自然坐起来及正常的肌肉发育之前，若是经常被扶起来坐着，他可能从那个坐姿学到歪歪扭扭的走路方式，妨碍日后形成自然的良好姿势，我女儿恐怕就是这样的例子。

不过，没关系，你不可能把每件事情都做对。我很清楚，我谈到育儿实践时，你可能早就过了我描述的阶段，你也可能因为你采取的方式与我描述的不同而感到懊悔。真正重要的是亲子关系，而不是你何时开始帮孩子断奶，或你太早把孩子扶起来坐着。

我女儿已经成年了，她现在经常去上普拉提课矫正姿势。如果我以前就知道这样的信息，那当然很好，很可惜我没有。所以我想再一次强调：犯错没关系，重要的是弥补错误，弥补的做法可以是去上普拉提课，或是在孩子大一点的时候，带他去做其他类型的治疗。孩子成年后，若因你在他年幼时所犯下的错误而需要任何协助，请不要感到羞愧。为自己的错误辩护只会导致事情变得更糟，并不会让问题消失。

前面举的例子可能太狭隘了，但我举那个例子是为了概括说明我们帮助孩子的程度：不要主动去做孩子可以自己学会的事情，那会剥夺他的学习力。在决定提供孩子多少协助时，你要知道逐步推进或鼓励很有帮助。

———

弗雷亚五个月两周零三天，她正趴在客厅的地毯上。她的爸爸在旁边的沙发上看书。弗雷亚突然发出一声尖叫，她正试图去抓地板上的一颗乒乓球，但是够不到。

爸爸抬起头来，看到她面临的问题。他应该去帮她吗？她抬头看着爸爸，沮丧地叫了一声。爸爸跪在她旁边的地板上说："你真的很想要那颗球，对不对？你够得到吗？"他面带微笑，一脸鼓舞地看着她，接着又看了看球。弗雷亚停止了喊叫，开始抬起膝盖，用双手托起身体，努力朝球的方向扭动。接着她又躺了下来，把手用力伸向那颗球。她的手指碰到球了，却把球推得更远。

爸爸把球放回原处，弗雷亚又试了一次，这次她抓住了，高兴得尖叫起来,爸爸也和她一起笑开了花,对她说:"你真的很努力,做得好!"

———

身为家长,在那种情况下,我们很难知道究竟是要去帮助孩子,鼓励孩子,还是只在一旁观察。观察孩子以寻找线索时,你通常都会做出正确的选择。如果是孩子可以自己完成的事情,你去帮他做,那反而剥夺他的力量与能动力。但孩子感到无助时,你若是不帮他,就是对他的感受不够敏感体贴。

在上面这个例子中,弗雷亚的爸爸做了正确的选择。他很自然地那样做,不假思索,因为他小时候也被这样对待过。如果你幼时没有这样的经历,就要有意识地这样去做。

- **练习:让孩子主导**

  养成和孩子在一起的习惯,不是一起做事情,而是陪伴他,让他主导。从旁观察与帮助他,而不是直接伸出援手。协助他解决问题,而不是替他做事。

游戏力

游戏这个词本身有娱乐性质，但游戏其实很重要。在游戏的过程中，婴儿学会集中注意力，并养成发现的习惯——其中一项发现是沉浸于当下活动的乐趣。此外，他们也会学习如何把概念联想在一起，激发想象力。孩子也是通过游戏来学习与同伴交流。游戏是培养创造力及工作能力的基础，也是探索及发现的基础。游戏是生活的实践。游戏就是婴幼儿的工作，需要获得尊重。

我第一次读玛丽亚·蒙特梭利（Maria Montessori）的著作时，看到她主张：孩子全神贯注于一项活动时，不该被打断。看到她这么说，我很吃惊，那时我还不习惯把孩子的游戏（例如幼儿在地毯上推着一辆卡车，并发出类似引擎的噪声）视为孩子正在工作。孩子游戏时，全神贯注，聚精会神，运用想象力，建构故事。他们的活动有一个开始，一个过程，一个结尾。这种流程重复多次以后，他们便为完成工作与集中精力奠定了坚实的基础。

然而，孩子的工作其实比这个阶段更早开始。孩子需要一个安全的地方玩耍，才能接触他双手可以触及的所有东西。如果大人一直告诉他"不可以"，他的注意力会开始涣散。不受干扰的孩子可以玩简单的物品（例如一张面纸）好几分钟。他可以学习如何抓住它，把它弄皱，然后扔出去，再捡回来。反复进行一项活动可能会令你感到厌烦，但孩子不会。孩子投入一项活动时，你的任务是在一旁观察，跟随他的目光，而不是指引他的目光。

孩子不需要很多玩具。大家常说，小孩喜欢装玩具的箱子更胜于箱子里的玩具，这种老套说法往往是真的。我朋友的两岁孩子在生日那天，宠爱她的父母、朋友、亲戚送她一大堆玩具。一个阿姨顺便把手边一个柠檬形状的空塑料瓶送给她，结果你猜孩子最喜欢哪个玩具？当然是那个柠檬塑料瓶！她从玩那个瓶子学到如何把水吸进去，把水挤出来，以及怎样控制水的喷射。她几乎没碰那个漂亮的娃娃屋、迪士尼玩偶、迷你厨房，以及其他堆积如山的玩具。

孩子只需要几个简单的玩具就够了，例如几辆玩具车、一个纸箱、一个方块体、一个洋娃娃、一只玩偶熊、几块积木。一些变装打扮的衣服也可以激发想象力，但更多并不意味着更好。如果孩子只有几个玩具（装满一抽屉或一个箱子），以及一些手工材料（例如颜料与纸），每件东西在玩完之后都可以归到原位。

孩子就像成年人一样，一旦选择太多，就会不知所措，不知从何选起。我们可能以为选择越多越好，但心理学家巴里·施瓦茨（Barry Schwartz）的实验显示，我们其实不喜欢选择太多。在一项研究中，他发现参试者面对六种巧克力选择时，比面对三十种巧克力选择时更快乐，也更满意自己挑选的巧克力。

选择太多时，我们会担心选错。西方国家的儿童平均拥有一百五十多件玩具，而且每年还会再收到七十多件玩具。这对孩子来说太多了。面对太多的玩具时，他们更可能在玩具之间换来换去，而不是认真玩一个玩具很久。买很多玩具往往是家长宠爱孩子的结果，他们希望孩子因此对玩具的渴望减少。但你猜结果如何？这招根本没用。

孩子需要自由地玩耍，自己选择及主导活动以培养创意。但有时孩子只想跟你一起玩，他需要的是你，而不是新奇的新玩具。

你可能会觉得跟孩子玩很花时间，你可能也对"变装派对"或孩子设计的游戏不感兴趣。孩子要求你一起来玩，但你有一堆事情要做时，你会觉得很烦。但我发现，花点时间，在游戏一开始的时候投入一些心力，效果很好。我女儿要我陪她玩时，她会要求我"跟泰迪熊说话"。接着，她自己逐渐接手，换成她自己跟泰迪熊说话。

游戏是让孩子主导的时间，他会决定要做什么活动，也会指定你在该活动中扮演的角色。你先陪孩子一起启动游戏，之后随着他沉浸在游戏中，你就可以逐渐抽离了。如此一来，你就有时间去处理你那一堆待办工作。你先陪他玩一会儿，对你

PART 5　培养心理健康的孩子

来说比较容易，对他来说也比较好。相反，如果你告诉孩子，你太忙了，不能跟他玩，他可能会不停地打断你，导致你没时间做你的工作。而且，那样拒绝孩子也会让孩子觉得，你嫌他讨厌或很烦他。那可能使孩子感到孤独、愤怒或难过，甚至对亲子关系没有安全感。一旦孩子开始玩并感到满足后，他会继续玩下去，不会查看你是否参与，也不会一直缠着你。

无论如何，你总是要抽出时间陪伴孩子。一开始积极投入，之后就不需要被迫投入了。亲子游戏是如此，其他的活动也是如此。

前几天我在海滩上看到一对父女，女孩看起来大约六岁。他们刚到海滩时，小女孩一直说："爸爸，玩这个。""跟我来。""来水里。""拿桶子。""搭这个。"她说什么，爸爸都照做了。过了一会儿，小女孩在退潮的地方开始玩湿沙子，越来越投入。爸爸就在旁边，但只是观察，没有参与，他还可以看报。这是一个不错的例子，小女孩逐渐找到内在的"自动导航模式"，爸爸也可以享有一些空闲时间。

过了一会儿，另一个小女孩走过来，站着看了她一会儿，她开始让那个孩子参与她的游戏。观看这样的互动真的很有趣。如果爸爸一开始没有陪她玩，而是自顾自看报，她可能会一直想着她和父亲的关系，可能变得烦躁不安，不可能如此专注地投入玩耍，也不可能交到新朋友。

多数孩子也喜欢在家庭同乐的时间玩一些有组织的游戏，

例如打板球或玩牌。你一定想把那些乐趣也传给下一代，但如果你幼时没人陪你玩游戏，你会觉得玩那些游戏，甚至组织那些游戏太麻烦了。请注意游戏是否唤起你过去一些不愉快的感受。若要克服那些感受，你可以想想那已经是过去的事了，与现在无关，或者确保其他孩子或成年人在附近陪着孩子游戏，你偶尔加入就好。

我记得有一次，在圣诞节和新年之间，我们有三个家庭在一起聚会。有人拿出"大富翁游戏"，多数大人觉得很有趣，孩子也觉得很兴奋。但其中一个爸爸起身去拿外套，说他要走四英里①的路回家，把汽车留给妻子和儿子。

我跟着他走进大厅，他说他是独生子，每次圣诞节都是收到这种桌游当礼物，但没有人愿意陪他玩。所以这些桌游总是勾起他难过的回忆，他说，他要是留下来，很怕自己破坏了大家的兴致。这个故事并没有一个美好的结局，当时我很讶异，童年的经历竟然影响那么深远。

孩子有不同年龄的玩伴时，会成长得更好。把两个幼儿放在一起，他们可能各玩各的，而不是一起玩耍。混龄游戏可以让孩子学到同龄游戏学不到的东西。相较于和同龄的朋友玩耍，年幼的孩子可以从年长的朋友身上学到更多。

我们的学习大多是来自于观察他人，年龄较大的孩子会教

---

① 1 英里 ≈ 1.6 公里。——编者注

年幼的孩子更复杂的行为,也是他们的榜样。他们也可以为年幼的孩子提供更多的情感支持。年长的孩子可以学习如何教导,如何支持,如何成为领导者。

许多成年人回顾童年时,觉得他们最快乐的时光,是和各种年龄的孩子一起设计游戏,一起奔跑,而且有足够的空间可以玩游戏。那些美好时光通常发生在假日,与兄弟姐妹和朋友一起玩,或是去露营、聚会、外出,或在住家附近的公园或花园里散步。而且,还有他们信任的大人在一旁守护着,为他们提供食物,给他们足够的自由度,并让他们感到安全。

我担心,现在的孩子有太多课后辅导活动,可能没有足够的时间组成混龄团体,设计自己的游戏。现在的孩子需要更多的时间和其他孩子在户外玩耍,少一些时间待在室内或面对电子屏幕。

- **练习:养成良好的游戏习惯**

· 不要干扰全神贯注的孩子。
· 年幼的孩子想和你一起玩时,陪他一起启动游戏。 等他沉浸在游戏中、不需要你时,你就可以抽离了。
· 如果是年龄较大的孩子,你看到他不知道该做什么时,不需要替他规划娱乐形式。 孩子感到无聊时,你应该告诉他,你相信他一定可以找到有趣的活动。无聊可能是发挥创意的必要条件。
- 不过，一定要腾出一些时间跟孩子分享你喜爱的活动（例如桌游、纸牌、运动、歌唱或任何你喜欢的活动），以便与孩子同乐。
- 与不同年龄的玩伴一起游戏，更有助于孩子的成长。

PART 6

所有的行为都是沟通

我把行为放在最后一个部分，因为我一再强调的其他事情都处理好之后，展现得体的行为就变得更加容易。对孩子来说，那包括把他的感受也纳入充满支持与关爱的关系中。当我们不迫切渴求接触与联结，又有归属感的时候，行为也会更加得体。

推动摇篮的手确实主导着世界。我们应该多展现关爱，而非评判；多考虑孩子的感受，而不是下意识地认为孩子是在胡闹或是错的；以关心与尊重的态度对待孩子，不表示你在纵容孩子，不设界限。

在这个部分中，我们将探讨输赢游戏，培养良好行为所需要的特质，父母应该多严格，对孩子的黏人与哭闹，何时设定界限以及如何设限。

家长是孩子的第一个榜样

孩子会模仿你的行为,即使现在不模仿,以后也会这么做。

曾经有个客户,他向我解释他和父亲有多么不同。他的父亲在一家大公司工作,是个高高在上发号施令的专制的管理者。而我的客户从事慈善行业,他管理下属的方式——没错,你猜到了——也很专制。

在影响孩子行为的所有要素中,家长的行为影响最大。我们以为自己是一个个体,但每个人都会相互影响。我们都是系统的一部分,我们为自己塑造的角色,是因应他人在我们周遭扮演的角色。所以,无论孩子表现如何或你表现如何,那都不是孤立的,而是你周围的人与文化共同塑造出来的。

你如何描述你的行为呢?你总是很尊重别人吗?你会考虑别人的感受吗?你的"良好行为"是发自内心深处,还是只是表面上的礼貌?你是不是表面上很客气,但背地里对人说三道四?你是不是凡事都得胜人一筹才甘心?无论你展现什么行为,你也是在教孩子那样表现,包括你自己不认同,却无意间展现的行为。

如果你始终对孩子和其他人展现出善意的关怀,孩子也会仿效你的做法。不过，孩子不见得总是很乖巧，因为在懂得运用言语沟通之前，行为是他们唯一的沟通方式。即使在孩子学会语言之后，这种情况仍会持续好几年。这是因为我们需要一些技巧，才知道自己的感受，并以语言表达出来，接着才根据那些语言去寻求我们需要的东西。即使是成年人——甚至即使是诗人——也会觉得这不是一件简单的事。

我不相信有人是纯粹的好人，或各方面都很恶劣的坏人。我甚至认为，区分"好"与"坏"的概念是毫无帮助的。没错，有些人确实天生缺乏同理心（虽然很少见），但大脑构造不同，并不表示他就一定是"坏人"。我会放宽这种好坏善恶之分，我觉得有些人的行为不是坏，而只是对别人造成麻烦或伤害。没有人生来就是坏蛋，所以与其给行为贴上"好"或"坏"的标签，我会以"得体"或"不得体"来区分。

我说过，行为纯粹是一种沟通。人尤其是孩子之所以会以不得体、惹麻烦的方式行事，是因为他们还没找到其他更有效、更方便的方式来表达感受与需求。有些孩子的行为并非罪大恶极，他们只是给别人添了麻烦。

你的任务是解读孩子的行为。与其把孩子分成"好的"与"坏的"，不如去问一些问题。孩子的行为试图表达什么？你可以帮他以更得体的方式沟通吗？他想用身体、声音、言语告诉你什么？你也应该问自己一个很复杂的问题：他的行为是如何与你的行为共同产生的？

◐ 输赢游戏

我女儿弗洛三岁的时候，有一次她想走路到不远的商店，不想坐儿童推车，所以我把推车留在家里。回家的路上，她突然停下脚步，一屁股坐在别人家的台阶上。当时我心想："哦，天啊！别闹了！"因为那时我已经筋疲力尽了，恨不得插上翅膀飞回家，把购买的这一大堆东西放好，然后倒在床上。我不想现在停下来休息，但弗洛现在就想休息。

接着我又劝自己说，好吧，晚点回家也没关系。于是，我放下购物袋，蹲在她旁边。弗洛正在观察一只蚂蚁沿着人行道上的裂缝爬行。有时它会消失在裂缝中，接着又冒出来。我就蹲在那里陪她看。

这时一位老人走过来问我："她赢了吗？"我马上就听懂他的意思了。他的意思是说，在父母与孩子的意志之争中，孩子是不是赢了？我很清楚这种存在已久的亲子之争。我的父母也对此深信不疑，他们认为，让孩子予取予求对孩子有害。

但你和孩子其实是站在同一边的：你们都希望获得满足，而不是感到失落；你们都想好好相处，行为得体。老人会意地对我们笑了笑，他只是出于一片好心，所以我没有反驳。我并没有说："我们是母女同乐，不分输赢。"我只回答："我们在观察一只蚂蚁。"并对他微笑。后来，他走了，蚂蚁也走了。我和弗洛站了起来，我们母女俩也继续上路了。

前面提到，所有的行为都是沟通，所以在行为的背后，你会发现感受。一旦你找到特定行为背后的感受，并发挥同理心，就可以把那种感受用言语表达出来。你可以协助孩子用言语来表达自己，以后他就不太需要以行为来传达感受了。

在上面的例子中，我意识到弗洛不习惯走太久，她觉得累了，想要休息。我想到，周遭的景象和声音对她来说可能太丰富了，她还没学会如何抵挡那些与她无关的外在刺激，不像成年人已经懂得如何自动隔绝刺激。那些刺激导致她想要只关注一件事情。从孩子的角度看事情，而不是从你的角度思考，更有帮助。在这个例子中，我的角度可能是：我想赶快回家，她阻止了我，我们的意志正好相反。

传统的亲子教养主张，不该让孩子"为所欲为"。我想，那个老人说"她赢了吗？"就是这个意思，他觉得我是在"妥协迁就"。每次大家谈到孩子使性子时，我常听到这种说法。家长似乎很怕孩子使性子，他们认为，只要孩子使性子，以后他会永远是那种乱发脾气的个性。在这种输赢游戏中，家长若是坚持非赢不可，最后根本没有赢家。这种游戏只有操纵，毫无相互理解。这种游戏本来没有，是父母自己创造出来的。它只关注未来可能发生什么，而不是当下的状况。在上述例子中，弗洛当下只是想要休息，她休息之后，我们就可以继续走了。

输赢游戏正日益根深蒂固，变成一种亲子的常态，那对亲子关系的发展有害。你以专制的方式支配孩子，也是在教他以这种方式处事。万一孩子因此以为把自己的意志强加在别人身上是正常的、可取的，那怎么办？他的同学会觉得这是一种讨人喜欢的行为吗？

如果你的教养方式大多是把你的意志强加在孩子身上，孩子从这种方式学到的关系模式也是有害的。孩子只学到这种有限的角色选择时（"行动者"与"接受行动者"，或者说，"支配者"和"顺从者"），那会大大限制他身为人的潜力。比方说，如果孩子最有经验的角色是受害者与恶霸，他可能就会变成恶霸，或动不动就以受害者自居。

输赢游戏也会影响孩子的情绪。输掉游戏往往令人感到羞耻，羞耻并不会使人变得更谦卑，反而会让人恼羞成怒。那种愤怒会向内转向自我，导致抑郁，或向外转向外界，导致反社会行为。

所以，既然这不是争输赢的游戏，我们以什么方法帮孩子展现得体的行为最好？一般来说，采用当下可行的方式（因为当下是基于现实），不要担心未来可能发生什么（未来是基于幻想），是因应孩子的实用准则。

● 先考虑当下可行的状况，别想未来可能发生什么

我的客户吉娜正在帮女儿断奶。她让女儿吃东西的唯一方法，是让女儿坐在房间中央的地毯上，并在女儿吃蔬菜和意大利面时，唱歌给她听。这样做的时候，女儿很开心。吉娜看到女儿乖乖地吃东西，她也很开心。

有时我们会幻想一些未来的状况：万一女儿只有在听你唱歌时才吃东西，那怎么办？万一孩子永远学不会自己睡觉怎么办？万一他戒不了奶嘴怎么办？万一他上班第一天坚持让爸爸陪他去办公室怎么办？这些都只是幻想而已。

在上面这个例子中，吉娜可能想到："万一女儿以后都要这样才肯吃饭怎么办？万一她以后拒绝在餐桌吃饭怎么办？"她可能担心很多事情，例如学校的午餐时间、去餐馆，甚至女儿第一次约会。但是，请相信我，孩子的一切行为几乎都是阶段性的。所以，不管你现在的处理方式看起来有多怪，请以当下的可行做法为优先选择。

我觉得在睡眠方面，采用当下对每个人都可行的方法特别有效。如果现在让每个人都多睡一点的唯一方法，是把两张双人床并起来，让全家人挤在一起，那你就不需要太担心明天

了——今晚先睡好再说。孩子终究会想要有自己的床，他会受够了你的鼾声。

如果当下可行的方法不再管用，那就改变方法，但尽可能追求双赢，或至少不分输赢的结果。灵活应变可以让事情变得更顺畅。

● 行为得体所需要的特质

如前所述，你的任务是以身作则，用一样的同理心来对待孩子和他人，并希望孩子也能展现这样的行为。除此之外，为了适应社会，举止得体，我们也需要培养四种技能：

1. **抗挫折能力；**
2. **灵活应变的能力；**
3. **解决问题的能力；**
4. **从他人的角度看待及感受事物的能力。**

以前面的例子来说，1. 在购物回家的路上，我想回家，但弗洛想坐在台阶上休息，我承受住了挫折；2. 我灵活应变，因为我改变了对回家速度的预期；3. 我解决了"弗洛需要休息"这个问题，让她休息；4. 我从弗洛的角度思考，想要停下来休息是什么感觉。事实上,我也设法从那个老人的角度思考了当下的状况,所以当下我的反应,对弗洛和那个老人来说都很得体。

有些孩子很自然就能学会这四种社交技能,因为他们会自动模仿周围人的行为。但孩子在什么年龄达到发展的里程碑(包括上述四种能力),则因人而异。有些孩子不到三岁就会读书,我到几岁才能流利地阅读。有些孩子一岁之前就活蹦乱跳,有些孩子十八个月大还喜欢爬行。学会这些身体技能的年龄,人人不同;同样,学会行为技能的年龄也因人而异。

我常听很多父母说,孩子"快把他们逼疯了"。换句话说,就是"无法阻止孩子尖叫/哭泣/哭闹/索求"或是任何让他们抓狂的行为。我觉得,孩子的行为让你感到麻烦时,你不能把它想成那是孩子的选择,仿佛成人做选择那样。孩子希望获得你的爱,想与你联结,想跟你当朋友。有时他迫切渴望你的关注,即使从你那里获得负面的关注,也总比得不到关注好。

在孩子的身边管理你自己的情绪时,如果你能理解导致孩子做出那些麻烦行为的情绪与环境,那会更有帮助。

有些孩子从一开始就很难理解与安抚。他哭闹可能是因为肚子痛或其他不适,例如不喜欢灯光或噪声,或尿布已经湿了,或感到害怕或疲倦,或非常敏感,或许多其他的状况。通常我们可能不知道他哭闹的原因,但这不表示我们不该想办法安抚他。也许,你的孩子在婴儿时期很容易安抚,但后来年龄大一点反而比较难自控。无论孩子处于什么阶段,我们都要安抚与接纳他,帮助他进入下一阶段。

通常,孩子面临的挑战太大而无法处理时,会感到沮丧。孩子在熟悉新阶段或新技能之前,沮丧感最强烈。在他学会走路、说话、思考、写作、出现性特征、独立之前,都是最脆弱的时候。你可以把孩子的情绪爆发、发脾气或生闷气,视为他尚未达到发展的里程碑,他不是故意的。孩子发脾气时,他并非乐在其中。有其他选择时,没有人会愿意那样。

还有一种常见的说法是,孩子之所以展现这种麻烦的行为,是因为父母管教太松。其实不然,许多管教不严的家长依然教出行为得体的孩子。有些家长的管教很严,也很公正,但孩子的行为依然给别人带来麻烦。孩子是否会惹麻烦,和父母管教严不严无关,而是和孩子学会这四种技能的速度有关:抗挫折能力、灵活应变的能力、解决问题的能力、为他人着想的能力。

如何学会行为得体,不要制造麻烦,并不是一门精确的科学。使一个孩子行为得体的方法,不见得能为另一个孩子带来同样的结果。孩子是人,不是机器。我们希望孩子与人联系,培养关系,而不是变成机器人。

我不喜欢以给贴纸或贿赂的方式来教养孩子,因为那比较像在评判行为,而不是在培养关系。孩子从那种方式中学不到抗挫折能力,学不到灵活应变的能力,学不到解决问题的能力,也学不到如何为他人着想。以贴纸来奖励行为是一种操纵伎俩,如果我们这样操纵孩子,将来他学会操纵我们与其他人时,你可不要抱怨孩子为什么会这样。家长应该学习理解孩子,而不是以操纵的方式让孩子想要收集星星贴纸。

我们展现得体的行为,很少是因为我们想要获得奖励或害怕遭到惩罚,而是因为在意自己的行为对他人的影响。因为我们知道,合作比对立更能带来和谐的生活。我们之所以帮别人一个忙或是顾及他人的感受,不是因为不那样做会遭到惩罚。我们那样做是因为,我们想让对方的生活更好一些。我们希望孩子为人处事时顾虑到他人,对他人发挥同理心,不是因为担心受到惩罚或渴望获取物质奖励。不过,话又说回来,我认识的父母,包括我自己在内,没有一个是从来没用过贿赂的方式对待孩子的,但贿赂应该只是偶尔,不能当成常态。

让孩子对家事感兴趣的最好方法(例如把碗盘放进或拿出洗碗机),是让孩子在幼儿时期就玩类似的游戏(别忘了,游戏对小孩来说是工作)。你配合他玩耍时,他会模仿你,也会配合你。经过长时间的培养之后,你会教出一个愿意清理碗盘的孩子,而且他之所以愿意清理,是因为他想帮忙,不是因为你贿赂他。有些人认为花钱请孩子做家事可以培养孩子的金钱观,但我认为培养金钱观之前,需要先教他"人"的价值。

孩子从别人对待他的方式,学会如何待人处事。当别人对他表达感谢与尊重时,他才真正学会如何说"请"和"谢谢",之后才会效仿。如果你只是灌输孩子应该讲这些礼貌用语,他可能永远无法心领神会。

有人送孩子礼物,但孩子没道谢时,我们会觉得很尴尬。但这时我们应该把爱面子的心态搁在一边,不要逼孩子说出他内心没有的感受,使孩子当场难堪。我们可以自己向对方道谢,以免对方觉得自己的好意无人领情。孩子看到你表达感谢时,他会学到什么是真心的感谢。他小时候跟你玩游戏时,假装递给你茶杯,而你每次都对他说"谢谢",然后欣然接受,从那时起,孩子就开始学习感谢了。那些小动作都不是在浪费时间,而是你为教养投入的时间。

● 如果所有行为都是沟通,那些不得体行为意味着什么

那么,你该如何看待孩子目前的不得体行为呢?你可以先想想,你自己表现最糟的时候是什么样子。我知道,周围的人不了解我,甚至根本不想了解我时,我的表现最糟。如果我需要获得关注,但对方不理我,我很难保持平静。当我的期望、希望或计划因为我无法控制的事情而落空时,当大家期待我完成我认为不可能的事情时,或当我处于再也无法忍受的情境时,我会觉得压力很大。孩子因烦躁或失落而出现不得体行为

时，可能也是出于类似的状况。他可能会哭泣、生闷气、尖叫、拳打脚踢、扔东西、横冲直撞，因而伤到自己。

记下孩子何时出现这种状况，触发点是什么？他最难面对的失落感是什么？你的情绪也是一个因素吗？你需要从旁观察，因为你若是直接问他，他可能说不出来为什么他会有那样的反应。他会说"这不公平"，甚至说"我不知道"。

问题在于，我们感到烦躁时，那种烦躁感往往太过强烈，难以确切地表达出来。而且孩子年纪还小，更难明确说出为什么他会觉得有些情况难以忍受或无法处理。有时，这不仅适用在孩子身上，也适用在我们身上。我们来看下面的例子，这是吉娜写给我的信，她的女儿伊娃刚上托儿所。

———

今天下午，我从伦敦搭火车去接孩子时，火车晚点一个小时，所以我五点四十分才到托儿所接伊娃，迟到了半个多小时。

我到托儿所时，她的状态很好，正和一个小男孩玩得很开心。但我们要离开托儿所时，她就开始……（我当时是这么想的，所以我就照实叙述了）……胡闹了。我叫她穿上外套，她却在走廊上跑来跑去，尖叫着："不要！不要！不要！"我感觉现场完全失控了，仿佛她在我身边一直绕圈，让我头晕目眩。当着那么多家长的面，我觉得非常尴尬。为了让我的话听起来更有作用，我告诉她，如果她再这样下去，晚上回家就不能吃布丁——当然这句话一点作用也没有。

托儿所里其他的小孩都不这样，不知道为什么伊娃今天这么任性。到了托儿所外面，她还是一样难缠，不肯上推车，不肯戴帽子，也不肯戴手套。我需要去一趟药店，她不愿让我牵手，还不停地从货架上取出东西。到了柜台，她开始大喊大叫。我努力把她抱进推车，她疯狂地扭动身子，一直尖叫。我再次感到现场失控，也觉得自己很没用，因为孩子太任性了，我完全控制不住她。

我快到家时，才想到我在托儿所光顾着帮伊娃穿上外套，把装了晚餐的购物袋遗忘在托儿所门廊了。我冲回托儿所，发现门都上锁了，当时我就崩溃了。我实在很生伊娃的气，那是我最生气的一次，因为她让我在托儿所丢尽了脸，更像个没用的家长。

回到家后，我见到先生，不禁哭了起来，我是背对伊娃站在那里抽泣。我知道这样不好，毕竟谁会在孩子面前哭泣呢？为什么我是这么糟糕的家长？

以下是我的回信：

―――――

火车晚点整整一个小时实在太惨了，要是我的话，我也会觉得压力很大，心情沮丧又痛苦，并想到接孩子迟到有多可怕。我担心托儿所的老师可能认为，我迟到那么久是因为我不关心孩子。我也担心孩子可能会心慌。

面对这些状况时，我也会很慌张，会变得很敏感易怒，急切希望一切能够顺利进行，重新回归正轨。在这种情况下，我可能没有多余的精力去顾及伊娃的感受。我也会努力让她守规矩一点，因为当下我已经没有心力静下来理解孩子的感受并想办法安抚她。

如果别人只看到孩子发脾气，我却束手无策，但看不到我们母女之间的爱与相互配合，我会觉得很丢人。（如今我的孩子已经长大了，我也算是过来人。）对于自己一气之下放狠话威胁孩子，我也会觉得自己很糟糕。还有，后来把购物袋遗忘在托儿所，那简直是雪上加霜，如果是我肯定承受不住。我投向了解我及爱我的人怀里时，应该也会马上哭起来。

―――――

接下来是我想象伊娃的心理状态：

———

嗨，妈妈。我还不会写字，连说话的能力也很有限，但如果我能表达自己的感受，我会这么说：如果你能试着了解我们之间发生了什么，而不是用"胡闹"来评判我，对我会更有帮助。

在托儿所，我其实感到很不安，因为你早该来接我了，却还没到。你来的时候，我正在玩一个复杂的游戏。你告诉我，我们得马上离开，还要穿外套。我说："不要。"但你很坚持，所以我开始尖叫，你就生气了。一开始就很不顺利。

我想告诉你我为什么回答你"不要"。每次事情进展得太快，我希望慢下来时，我习惯说"不要"。我不是故意为难别人，那只是本能反应，因为我讨厌面对出乎意料的改变。

你当时心烦意乱又匆忙，根本无法理解我的想法，我觉得很害怕。我害怕的时候，也生气起来。你总是想着将来应该是什么样子，但我是活在当下，我需要你和我一起活在当下，否则我会感到孤单又沮丧。

你迟到的时候，我需要你慢下来解释为什么你迟到了。接着，我需要你解释接下来会发生什么事，让我心里有个底。我还没学会灵活应变，所以在切换不同的情境时，我需要的过渡时间比你多。你要我突然停止当下正在做的事情，又要马上穿上外套，这对我来说太难了。我相信，如果你正在做一件复杂的工作（对我来说，游戏就是工作），突然被打断的话，你也会很沮丧。

你想让我停止做某件事时，不管是游戏，还是奔跑，我需要的是提醒。每件事我都需要一个明确的提醒，例如停止玩耍，穿上外套，坐上推车。每件事情我都需要一点时间吸收，你可以告诉我，你有什么计划，并给我机会去吸收与了解。如果你要我停止玩耍，需要五分钟前先提醒一次，并告诉我，我可能会觉得停下来很难。接着，三分钟前再提醒一次。然后，一分钟前再提醒一次。如果我们在室内，我不想穿上外套，你可以先拿着外套，等我们走到室外再穿。我很讨厌的一种情况是：在奔跑的时候突然被放上推车。当下我全身的能量无处释放，于是就变成怨气爆发出来了。

你叫我别再喊"不要"，或别再跑来跑去，大吼大叫，并告诉我再这样下去会有什么后果时，那些威胁都毫无帮助。那是因为我还没学会预见自己的行为可能导致什么后果。那些神经回路会在适当的时机发展成熟。目前，你责备我时，我只觉得你不理解我，于是我变得更害怕、更生气，不得不一再说"不要"。我感到不知所措时，就无法安静下来。

如果你能试着找出我面临的挑战，并以一种我能理解的方式告诉我，那会更有帮助。

例如，你可以说："你不开心是因为你不想停止这个有趣的游戏，对不对？"你用语言帮我把难过与恐惧表达出来时，我也会开始学习使用那些语言。这样一来，以后我更懂得如何沟通，就不会失控了。

如果你生气了，或是叫我别闹了，我只会停止沟通，开始大叫。我知道，你压力很大或很匆忙时，要你别直接对我发号施令，而是了解我的想法，那确实很难。但是，当我们有互动交流，我感受到你的关注与关爱，感觉自己获得理解时，我会感到平静，内心的激动感受就不会喷发出来，变成让人讨厌的行为。

在药店的时候，如果你可以告诉我，你在想什么及做什么，我其实可以帮你。但你只叫我要乖，所以我就模仿你的动作，从架上拿东西。即使你觉得你时间很紧，请你也把我纳入考虑范围。既然你能花时间责备我，为什么不能花点时间好好沟通呢？

即使你哭了，爸爸依然爱你，给你拥抱。他能够理解你把东西遗忘在托儿所的感觉，他真的很棒。那也是我需要的。在托儿所时，如果我因为必须马上停止游戏而不高兴，你可以当场给我一个拥抱，我想我们都会因此做出更好的反应。

妈妈,你知道你和我会永远在一起,表面上你更在乎别人的看法,我可以理解这点,但是你从别人的角度评判自己并没有帮助。

妈妈,再过不久,我就懂得学习抵抗挫折,灵活应变,也可以用语言表达感受,而不是经常惹出麻烦。我也会学习顾及你的感受,因为我会从你顾及我的感受之中,学到该怎么做。

不要担心你的教养方式好或不好。你是世界上最好的妈妈,也是我唯一想要的妈妈。

● 早点积极投入时间,就不需要后来被迫投入

为人父母永远是很费时的任务。在问题出现以前,趁早积极地投入时间防患未然,比发现问题之后被迫投入时间更好。如果你的步调对孩子来说太快了,你不以语言来帮他表达感受,不事先提醒他你的计划,不让他参与任何工作,你会发现你省下来的时间都用来责怪孩子了。

孩子本来就需要你投入时间，那是无法逃避的，所以何不积极投入呢？我很高兴告诉大家，吉娜后来学会了放慢速度，当她着眼于当下，认真去理解伊娃，开始从孩子的角度看事情并以语言表达出来时，伊娃的行为也变得得体了。

- 练习：如何预测麻烦的状况

如果你想改变让孩子感到困扰的状况，或是你知道有一个很麻烦的新状况可能出现，你可以停下来想象如果你是孩子，那种状况是什么样子；你也可以想象，如果孩子知道那是什么感受，能够说出来，也知道怎么做会有帮助时，他会如何表达。

试着从孩子的角度写一封信给你自己，就像我上面做的那样。写下来确实可以帮你进入孩子的思维模式，也可以帮你更清楚地知道如何度过更平静的亲子时间。

用语言来表达感受，有助于改善行为

当我们想让孩子（或任何人）停止一种行为时，可以建议另一种替代方案，以下是一个很好的示例：

约翰四岁的儿子小约翰以前每天早上醒来时都会哭闹，接着他会冲去父母的卧室对他们哭闹，直到他们拥抱他，才停止哭泣。

有一天早上，约翰建议儿子尝试一种新的做法，走进他们的卧室时不要尖叫。他对小约翰说："你可以说：'爸爸妈妈早安，我想要抱抱。'"小约翰试着这样做了，但还是会哭。

妈妈问他："你醒来时觉得很孤单吗？"他点了点头。于是，他们建议他这样说："爸爸妈妈早安，我很孤单，我想要抱抱。"这个方法终于扭转了局面。小约翰开始每天早上蹦蹦跳跳地跑进父母的卧室，说那句新句子，获得爸妈的拥抱。

几天后，父母说："你现在看起来并不孤单，你开心的时候也可以抱抱！"最后，小约翰的早安句变成："我很好，我想要抱抱。"

约翰和儿子的故事说明，把感受诉诸语言可以带来彻底的改变。这也适用在成年人身上。

身为父母，要确认孩子的眼泪与哭闹背后的感受很难，因为你不想证实孩子正在受苦。把痛苦讲出来，似乎会让事情变得更糟，但其实不然，那样做通常可以让情况好转。用语言表达需要时间，孩子感到难过时，会觉得很难找到贴切的语言来形容，所以需要你来帮他。

我女儿弗洛两岁时，我常带她去附近的泳池游泳。有一天我不能去，所以我先生带她去了。

他们游得很顺利,到了要离开时,我先生转身去走楼梯。平时我带弗洛去泳池时,我们通常是走楼梯进入泳池,但搭电梯离开泳池。当时二十二个月大的弗洛说:"不要!"接着就一屁股坐在地板上。

这种行为显然有点任性,符合一般定义的"坏"行为,但弗洛那样做也不算坏,她只是想按照平常的习惯做罢了。她还没学会弹性应变,也不知道如何清晰表达她想要什么。我先生没有花时间去了解孩子说的"不要"意味着什么,而是匆匆把她抱起来,带上楼。

这根本不是弗洛想要的,所以她开始尖叫。等他们父女俩回到家时,两人都在生气。我听完整件事的经过后,看着弗洛那双眼泪汪汪的大眼睛说:"你一直很期待按那个电梯按钮,对不对?"她微微地点了点头。"爸爸不知道那是你想搭电梯、不想走楼梯的原因,对不对?"她又点点头。

我们从那次经验学到,如果你要打破孩子的某个日常习惯,可能需要事先提醒孩子很多次,提前做一些预想,孩子会有什么反应,甚至可以排练一下。

● 不要随意为孩子的不得体行为找借口

我很幸运可以猜出问题所在。可是通常情况下,你怎么猜都猜不出哪里出问题了。例如，你带着孩子去做你觉得很有趣的活动，比如游泳，没想到最后孩子哭得稀里哗啦，你丈二金刚摸不着头脑。

你当然想要知道孩子为什么会哭，为什么会大叫，为什么会拒绝做某事——否则你会觉得失控——但其实不知道也没关系，只要保持好奇心就好。父母最常归咎的原因是："哦，那是因为他累了。"那可能是，也可能不是一个因素。但我记得，小时候听到这种说法时，反而令我更加愤怒，因为那不能准确地反映我的感受，反而让我觉得自己被误解了。家长很喜欢用"累"来解释一切，但我们都知道真正感到累的人是谁，当然不是孩子！

家长对孩子的不得体行为还有一些其他借口，有的借口甚至对孩子有害。如果你现在开始正视这件事，那表示你已经开始修复破裂关系了：

"他那样做只是想引人关注"

无论年纪多大，每个人都需要被关注。如果一个孩子本来就能获得足够的关注，也相信他需要关注时，那些关注一直都在，他就没必要用夸张的方式来吸引关注。如果你的孩子确实是为了获得关注而捣蛋，你可以请他主动说出来，他需要关注。

我女儿曾经跟我要过苹果,但她其实不想吃。她只是想看我开心的样子,对她微笑。当我注意到我给她的苹果大多放着没吃时,我先去了解她的用意,接着请她直接表达她的意愿。这成了我们之间的默契游戏,也减少了苹果的浪费。她也没有因为她想要获得每个人偶尔都想要的东西——关注——而感到羞愧。

"他是故意的"

幼儿还没有故意搞破坏的能力,他们只是在做自己,而不是故意捣乱。婴幼儿的行为举止就是他们的感受,他们还没学会观察自己的感受,还不懂得自己想要什么并提出要求,他们需要大人帮助才会知道。

孩子开始尖叫,拳打脚踢,甚至撞头时,那不是在执行预先计划好的策略,而是在表达感受,他们需要协助才能更清楚地表达出来。他们终究会学会那种技巧的。

如果你觉得年纪大一点的孩子是在要你,你觉得他发脾气是在演戏,而不是真的使性子,你可以把你对他那些行为的感受讲出来,并帮他用言语表达出他想告诉你的事情。例如:"我觉得你这么闹,是希望我告诉你不用写作业吧。你自己写作业是不是有点困难?我会陪你一起做。"

"他知道怎么激怒我"

你觉得孩子的任性行为很讨厌，可他自己并不知道，也不知道他的行为会带来什么影响。我女儿在回家的路上突然一屁股坐在台阶上不肯走，并不是想要激怒我，虽然我刚开始确实觉得很烦。女儿在游泳馆的地板上赖着不走，也不是想要激怒她的父亲，她只是还不知道怎么用语言表达她想要什么。当你示范如何运用语言来描述感受及想要什么时，孩子会学到那种表达技巧。而且你想想，学习这个技巧比学习要一块饼干复杂多了，尤其是涉及强烈情绪的时候。

"他有问题"

有些孩子学习社交技能的速度比其他的孩子慢，有些孩子抗挫折的能力比较弱，有些孩子需要较长的时间才能学会灵活应变及解决问题，这为孩子与你带来一些困扰。多数人可能认为，孩子因为改爬楼梯、不搭电梯就坐在地板上发脾气，要是两岁小孩还说得过去，如果是六七岁的孩子呢？一般认为，那么大的孩子应该不会无理取闹了吧，但有些孩子就是需要更多的协助才能搞清楚自己的感受，并找到恰当的方式来表达或克制住感受。如果有支持他的人（也就是你）帮他把感受准确地表达出来，那对他更有帮助。

你不见得每次都能洞悉究竟是怎么回事，但是在孩子感到痛苦时，好好地对待他，而不是责骂他，有助于未来的亲子合作及培养亲子关系。

如果你发现孩子的某些行为似乎卡在某个阶段时间较长，比同龄孩子的发展落后，你需要为此寻求协助或消除疑虑的话，可以请教心理治疗师或社会工作者，也可以带孩子去看心理医生，请他做出诊断。诊断结果或许可以让你如释重负，获得更多的帮助与支援。

这种诊断也有弊端，因为那很像一种评判，仿佛给你画上了句号，让你停止观察与学习去理解孩子行为背后的感受。诊断结果可能变成你不再关注孩子感受的借口。你可能因此认为情况再也不会好转，也不再抱希望。

或者，更糟的是，原本孩子没病也被当成有病来治疗。就拿多动症来说吧，你一定听说过这样的说法：八月出生的孩子诊断出罹患多动症的人数，比九月出生的孩子更多。我认为，这说明有关机构认为，八月出生的孩子比较容易出现这种行为失调现象，而不是因为八月出生的孩子比班上九月出生的孩子几乎小了一岁。我的意思不是说所有用来抑制行为的药物都不好，我只是觉得药物应该作为治疗的最后手段。

如果你觉得你无法应付孩子的行为，请尽快寻求专业的协助，因为养成不利亲子关系的习惯越久，就需要花更多的时间才能戒除那种习惯。

管教孩子应该多严格

管教孩子行为的三种主要方式通常是：严格，宽松，合作。

1. 严格管教可能是最常见的管教方式，就是把成年人的意志强加在孩子身上。

例如，你要求孩子一定要整理房间，不整理就惩罚他。没有人喜欢被别人强迫，孩子也不例外。有些孩子可能会顺从，但不是每个孩子都那么听话。这种处事方式会导致对立、争输赢，孩子会感到羞辱和愤怒。

这样做的危险在于，你是在示范"正确做法"，这种做法是"不灵活"的，对挫折的耐受度低。把你的坚持强加在孩子身上，你可能在无意间教他一定要做对、僵化地应对、不能忍耐挫折。

如此一来，你们可能会陷入一个僵化的循环，换句话说，你们可能陷入对峙与争吵，或者孩子再也不想与你沟通。这不是与孩子培养融洽关系的长期策略。我的意思不是说，你不能偶尔说："现在马上把玩具收起来！"但这种要求应该是偶一为之的特例，而不是常态。

如果你习惯以专制的方式和孩子相处，那可能也不利于孩子未来与权威人士的关系。他可能难以和权威人士合作，或难以担任领导者，或变成独裁者。总之，不断把你的意志强加在孩子身上，既不是培养合作能力的最佳方法，也不是培养亲子关系的良好方式。

2. 宽松管教是指，你从来不跟孩子谈任何标准或期望。

这种不太管教孩子的家长，通常是因为他们对亲子教养感到焦虑又不敢冒险，或是因为他们以前就是在虎爸虎妈的严格管教下成长。有些孩子可以自己建立标准与期许，但不是每个孩子都能做到这样。孩子不知道别人对他有何期许时，可能会感到不知所措，也没有安全感。

当父母决定不采用上一代的威权教育模式时，可能又会变得太过宽松，完全不给孩子设限。你仔细想想，在那种情况下，家长的做法其实主要是在因应上一代的教养方式，而不是在因应当下面临的情况。

不过，宽松的教养方式也不全然是坏事，有时那可能是解决当前问题的最佳方案。有时候不要对孩子抱持任何期望反而比较明智，因为孩子尚未准备好。

例如，你最大的孩子觉得清洁打扫很容易，但第二个孩子可能觉得太难，你非要跟孩子争辩到底难不难做到，这是没有意义的，还会伤害亲子关系，不如暂时先放弃期望——也就是说不要坚持孩子一定要把玩具收拾干净，这不算是屈服，而是刻意延迟为孩子设定界限，等孩子准备好以后再设限。

在孩子准备好接受合作型的管教方式以前，宽松的管教可以作为正面的短期解决方案。

3. 合作型管教是指你和孩子一起思考怎么解决问题，你更像是辅导员，而不是独裁者。 这是我最喜欢的方法，因为是家长和孩子一起寻找问题的解决方案。

那么，什么是合作型管教呢？它是怎么运作的？

（1）**借由定义自己来定义问题**。比如："我希望你的房间保持整洁，我希望你整理一下。"

（2）**找出孩子行为背后的感受**。孩子可能需要帮助。比如，"是朋友把你的房间弄得一团糟，所以你觉得让你清理房间很不公平，对不对？""你是不是觉得作业太多了，永远做不完？"

（3）**确认那些感受**。"替别人收拾烂摊子，是感觉很不公平"或"万事都是开头难"。

（4）**和孩子一起头脑风暴，思考解决方案**。"我还是希望你把房间整理干净，你看怎么做最简单？"

（5）**坚持下去，必要的时候重复这几个步骤**。

第二步不容易做到，因为要认同一些你并不认同的事情可能很难，但是如果你不确认孩子的感受，孩子会更加坚持自己的立场。由于孩子无法清楚表达所有的感受，你需要以提问的方式来找出他行为背后的感受，比如我上面举的例子。

确定孩子的感受后，你就可以重新定义问题，而不是说：

"你的房间太乱了，你最好马上收拾干净，不然我就把你的玩具全扔了。"那只是在羞辱及威胁孩子，也会增加孩子的怨恨。这时你应该发挥同理心，这需要练习，你可能觉得这样做有点违心，但孩子看到你顾及他的感受，会因此学着也顾及他人的感受。

你和孩子一起头脑风暴想解决方案时，应该让孩子主导，不要立刻否定他提出的建议。他可能会说："我的房间就这样也挺好。"你可以回应："这也是一种选择，你觉得这样挺好，但我不能接受，因为房间乱糟糟的看了不舒服，时间长了就更难打扫，而且你房间里的东西都堆满了，我都找不到给你放干净衣服的地方了。再想想，还有其他方案吗？"孩子说："想不出来了。"你说："没关系，还有时间，你慢慢想吧。"你不要自作聪明想出所有的答案，因为那样做就剥夺了孩子的思考力。

孩子可能说："我可以现在收拾玩具，然后休息一下。接着，请你来帮我整理衣服，因为我觉得叠衣服很难。"你说："嗯，这个主意听起来不错。那你需要叠衣服的时候来找我吧，我们一起想办法完成。"

如果你从小在威权下长大，可能会认为威权管教是理想的教养方式，你可能觉得合作型管教太麻烦了。不过，重点是，这样做除了达到房间整理干净的目的以外，你和孩子也都敞开心扉表达了感受，因此培养了更紧密的亲子关系，也学会如何

PART 6　所有的行为都是沟通　　219

妥协及解决问题。

为人父母的真正任务与打扫清洁无关，而是陪伴孩子，帮他成长。这种合作型管教有助于培养社会化行为的基本技能，亦即抗挫折能力、灵活应变的能力、解决问题的能力、同理心。

● 当孩子发脾气时

你观察任何一个发脾气的孩子时，会发现他们并非乐在其中。他们发脾气不是因为喜欢那样做，那不可能是他们预谋的策略，他们只是展现出真实感受，表达失落、愤怒与难过罢了。

发脾气是如此，你不喜欢的任何行为也是如此。你可以先想想，这种行为是在传达什么感受？这种行为的背后是什么感受？一旦你猜到或发现了，就去确认那个感受。例如，"你很生气，是因为我不准你在午餐前吃冰激凌，对不对？"最后，孩子恢复平静后，你可以跟孩子谈谈，帮他找出更得体的方式来表达感受。"你想要的东西，我没给你，你可以告诉我你生气了。你直接告诉我原因，我就了解啦，这可比尖叫有用哦。"

幼儿发脾气可能是因为失望，他不会选择要不要发脾气，而是情绪一来就直接发脾气了。他开始发脾气以后，甚至可能都忘了刚刚是什么事情令他失望而发脾气。他可能忘了是你不准他吃冰激凌，当下他只是在表达感受而已。

我比较推荐的做法是，不要放任孩子独自尖叫，而是持续与孩子对话。在孩子稍微停下来喘口气的时候，你要立刻表示同情地说："哦，宝贝，真是个可怜的小家伙。"这样做至少让孩子知道他并不孤单。没有人喜欢遭到冷落，除非你是故意误解他，他当然会生气，或者你无法控制自己的情绪。

让孩子独自经历任何极度的痛苦，都令我相当不安。说出孩子发脾气背后的感受确实有帮助："你真的很生气，对不对？"孩子不开心时，需要安慰："我很抱歉让你那么难过。"安慰孩子和无原则地给孩子他想要的东西不是一回事，孩子要什么就给什么是不可能的。也许他只是因为无法飞到月球，或无法与鲨鱼一起游泳而哭泣。

你能做的，是试着从孩子的角度看问题，安慰他，而不是惩罚他，或责备他想要你不想提供或无法提供的东西。孩子看到你理解他，你能保持情绪稳定，不会因为他发脾气而斥责他，也不觉得他的感受太夸张，总能包容他的感受时，他也会学着控制自己的感受。

我觉得有时家长太害怕孩子发脾气了。家长之所以不设界限，就是怕孩子发脾气。我指的是那种一手抱着孩子，一手拎着沉重的购物袋和滑板车的家长。对我来说，我宁愿安慰发脾气的孩子，也不愿意整天拎着滑板车到处跑，但每个人都有不

PART 6　所有的行为都是沟通

同的极限，所以也许我应该少管别人的闲事。

没有人因为遭到羞辱或知道自己愚蠢后，就获得了疗愈。孩子发脾气时，你可以借由拥抱来安抚他的情绪。或者靠近他，蹲到和他一样的高度，对他的感受表示关心。你可以用话语来确认他的感受，或者做出关爱的姿势和表情。

有时把孩子从某种情境中移开是必要的。例如，他对自己或他人构成危险，或打扰了别人。这时你可以说："我需要抱你起来，带你出去，因为我不能让你伤害那只狗（或打扰别人）。"接着就照你的话执行。

孩子发脾气时，如果你回嘴吼他或粗暴地对他，反而会导致情况恶化。你那样回应，等于是在惩罚孩子展现感受。孩子发脾气时，你视而不见，那也是一种反击。孩子坐在推车里哭闹时，你可以停下推车，对他发出同情的声音，或把他抱起来安抚一下。

孩子发脾气时，你不需要答应他做他想做的事，你该做的是同情他的失落感。我以前的做法是用语言说出当下发生的状况。"哦，你生气是因为我不帮你拿滑板车，对不对（或者其他类似的问题）？"孩子迟早会对失落感培养出容忍度。我还记得，有很长一段时间，每次女儿发脾气时，我都会用语言描述女儿的感受，后来她终于开始自己用语言表达感受时，我觉得非常欣慰。她会说："我要生气了。"这时我不禁暗自惊叹女儿长大了。

如果你觉得孩子发脾气把你逼到了极限，切记，这时你应该反思，而不是立刻反应。也请记得，不要觉得孩子是冲着你发脾气。你可以深呼吸，持续保持理智，并观察孩子。

你持续观察孩子，注意他的情绪，并尝试用语言说出孩子想沟通什么时，你会开始了解导致他情绪失控及行为失控的触发因素，以后就能预先防止这种情况发生。很多父母知道何时该让孩子抽离群体，和父母单独待一会儿；何时婴儿推车对孩子来说太拘束了，孩子需要自由奔跑；或者，何时该吃饭，不要等到孩子饥肠辘辘再吃。

如果孩子常发脾气，但已经过了两三岁的阶段，或者你和孩子陷入争吵、对峙或大战，这正好是思考哪里可能出错，以及该如何改进的良好时机。

孩子不会永远处于发脾气的状态，所以你的第一个任务是记下你们在何处、何时、跟谁、为了什么事情而争吵，以发现触发点是什么。

如果触发点是因为外界的过度刺激或环境中有太多噪声，你可以采取措施以避免那些情况。触发点可能是突然的活动中止，例如，你要求孩子别再玩了，马上来餐桌吃饭；又或者，你可能注意到问题发生在你比较不耐烦的时候。通常，问题在于我们对孩子的期望太高。我的意思不是说，我们不该对孩子抱着很高的期望，但如果我们在孩子准备好之前，就对他寄予很高的期望，那只会使他和我们感到沮丧。每个人的发展速度不一样。

你找出触发点之后，下一个任务是观察你在孩子发脾气的情境中所扮演的角色，或其他成年人扮演的角色（如果你不在场，例如孩子在学校的时候）。你是不是反应不够灵活？当孩子用行为跟我们沟通时，我们往往误以为应该对他更严格一点，纠正他的"坏"行为，却没有考虑到他行为背后的含义——那只是因为他无法清楚表达感受。

更严格的管教可能对一些孩子"有效"，在你达到极限之前，设下界限并合理地维持界限确实不错，但有时你可能做得太过火，变得不够灵活，那反而为孩子示范了顽固又僵化的榜样，或使孩子更加沮丧，导致形势更加恶化。

例如，孩子在学校没有达到期望的结果，老师和家长可能理所当然地认为，他需要花更多的时间在学习上，并放弃休息时间。但你仔细观察孩子的话，可能发现他在学校坐立不安，很难坐在那里一直不动，他无法集中注意力。你逼他坐得更久，只会导致情况更糟，而不是变好。六岁的小孩几乎无法对自己有足够的了解，并清楚告诉你："我体力过剩，我真的需要在外面跑一跑才能安静地坐下来。"你需要仔细观察孩子，才能解决这个问题。

在德克萨斯州沃思堡的鹰山小学，老师做了一个实验，把学生的下课休息时间延长到一个小时，比之前的两倍还长。结果老师发现，孩子现在学得更多。他们注意到学生现在更遵守纪律，更懂得独立学习，更主动地解决问题，互相发生争执的现象也减少了。家长也说孩子在家里变得更积极主动，更乐于社交。可见压制孩子往往不是解决问题的最好方法，开明地对待他们，从他们的角度看他们的需求和欲望，才是最好的方法。

讲大道理——打"事实网球"——通常不是让孩子跟你合作或让他停止哭泣的方法，因为幼儿还听不懂道理。你用心去体会孩子的感受，往往能够让孩子配合。父母生孩子的气时，很少自我检讨，他们只觉得孩子在找麻烦，"行为恶劣"。但你和孩子之间的任何情况，都和你们的亲子关系有关，那是你们一起创造出来的。当我们这样想时，就可以影响孩子的行为。

当我们放弃坚持自己一定是对的、放弃争输赢时，就更容易看清自己扮演的角色，更能思考我们如何向孩子示范怎么合作。

● 莫名其妙的哭闹

令父母特别反感的孩子的行为包括哭闹、撒泼、黏人、哭哭啼啼。这不是指孩子摔倒时的哭泣，而是指父母实在猜不透为什么孩子会那么伤心，或家长明明已经使出浑身解数，去转移孩子的注意力或让孩子高兴起来,但孩子依然感到难过。

你可能只想让孩子停止这种莫名其妙的哭闹,可能觉得那是"恶劣"的行为。但我好奇的是,你对这种哭闹的厌恶感,是不是跟你婴幼儿时期哭泣时遭到阻止而感到悲伤无助有关?你之所以对孩子感到厌烦,可能是因为你不想再次经历以前那种脆弱的痛苦,所以你也想要让孩子闭嘴。

或者,你也可能觉得孩子哭闹或撒泼,是对你育儿技能的一种否定。也许你有一个心照不宣的期望,认为孩子应该永远感到快乐。因此,孩子只不过是感到悲伤或孤独,你却觉得那好像在提醒你,你对孩子那一刻经历的事情无能为力。

贝拉四十五岁,是一家大公司的高级经理,丈夫史蒂夫是大厨兼餐厅老板。他们有三个儿子,一个八岁,一个十二岁,一个十四岁。他们的家庭充满活力,周末有很多活动及社交,家里的气氛欢乐又热闹。

贝拉和史蒂夫的工作都很忙,所以他们请了一个保姆兼管家朱厄妮塔,平时保姆与他们同住。朱厄妮塔从他们的大儿子五岁起,就一直跟着这一家人了。

贝拉认为小儿子菲利克斯有问题。她告诉我:"菲利克斯真的很黏人，虽然他只有八岁，但他需要的照顾，比两个哥哥在他那个年龄所需要的照顾加起来还多，而且不分昼夜。我一直在想，是不是在他的婴儿时期，没跟我培养良好的关系，但我确定那时我做得不错，所以我真的不明白为什么菲利克斯看起来没有安全感。"

我很好奇为什么贝拉难以忍受菲利克斯的黏人行为，以及他们的母子关系究竟存在什么问题。我请贝拉询问菲利克斯晚上会不会做梦，都做过哪些梦。我并没有期望从他的梦境中获得任何答案，但我认为那是让菲利克斯说话，也让贝拉倾听的一种方式。

贝拉告诉我："菲利克斯说他做了一个可怕的梦，在梦里，他独自一人，找不到其他人。我问他，现实生活中遇到过这种情况吗？我确定他应该没遇到过。可是他说他遇到过，听到这话我很吃惊。菲利克斯说：'我记得我们去威尔士的舅舅家，你把我独自留在车上。'"

贝拉说："他这么一说，我也想起来了。我哥哥住在一个特别偏僻荒凉的地方。有一次，菲利克斯快两岁时，我们开车去我哥哥家。到那里的时候，菲利克斯睡着了，所以我叫他哥哥先进屋。我把车里的东西拿下来，搬到屋里，然后再回车子看菲利克斯。我回车子时，发现他已经醒了，正在哭泣。

"他居然还记得那件事，我很震惊。我向他道歉，并对他说：'亲爱的，你独自待在车上的时间不超过五分钟。'接着，我们拥抱了一下。我不禁开始思考，六年前的一件小事为什么到今天还会影响他。"

对贝拉来说，这件事可能是小事。但是对菲利克斯来说却不是小事。我问贝拉，那件事发生之前或之后，菲利克斯曾被单独留在陌生的地方吗？她说："没有，但他二十个月大时，得了严重的脓毒性咽喉炎，不得不住院治疗。抗生素没有效果，他昏迷了一周，靠机器帮忙呼吸。昏迷的时候，他有时是独自一人，但脱离昏迷状态后，史蒂夫或我总是在身边陪他。"

我说："贝拉，儿子病得那么重，还陷入昏迷，实在太惨了。"她回应："哦，还好——我的意思是，虽然那时不太好，但最后我们挺过来了。"

贝拉这样回应时，我觉得她是在推开我的善意问候，仿佛我的关心是多余的。那一刻，我觉察到她好像一直在逃避菲利克斯生病所带给她的感受，从以前到现在都是这样。我感到震惊，想象着小男孩病得那么重是什么状况，也想象身为他的父母是什么感受。

贝拉说："史蒂夫说我们可能会失去他，但我就是不敢去那里。"我再次感到悲伤，也对她表达了我的同情。我看着她时，注意到她眼眶噙着泪水。

我说："这可能是菲利克斯黏人的原因，因为他必须紧抓着生命不放。他昏迷时可能意识层面上不知道你不在那里,但他在另一个层面上是知道的,这或许可以解释为什么他会梦到自己孤独一人。"

无论这是不是真的,贝拉觉得这个说法听起来很有道理,这也帮她理解了菲利克斯的行为,让她更容易体谅菲利克斯。

另一个可能是,贝拉终于让自己去感受失去菲利克斯的恐惧和悲伤,多年来她一直压抑着那些情绪。想把痛苦的感受封锁起来是完全正常的,但这样做时,我们可能对他人的痛苦感受也变得麻木,包括孩子的感受。长久以来,贝拉一直压抑着她对菲利克斯病情的感受,觉得菲利克斯的感受令她心烦。

当贝拉终于让自己去体会差点失去儿子的感受时,她并没有像之前担心的那样完全崩溃。"以前,我一直认为菲利克斯那么黏人是他的错。我心想,你的哥哥都很正常啊,为什么就只有你有问题呢?现在我意识到,你不能因为一个人有某种感受而责怪他。"

我们聊过之后,贝拉做了一个梦——那其实是一场噩梦。她梦见两个侄女和菲利克斯在海里游泳,陷入困境。侄女获救了,但菲利克斯溺水而亡。贝拉突然惊醒,泪流满面,心烦意乱。接着,她去查看菲利克斯,看到他安然无恙地熟睡着。她惊觉到这件事的讽刺之处:以前通常都是菲利克斯来父母卧室。

如今菲利克斯再令贝拉感到心烦时,她会从自己身上找原因。她不确定这是因为菲利克斯不再那么黏人,还是因为她对他的黏人态度软化了,又或者是因为她会更主动关心他,还是三者皆是。

孩子之所以黏人或哭闹,原因不胜枚举,就像孩子与每个照顾者之间的关系一样多元。这个案例告诉我们,如果我们刻意回避孩子在我们身上触发的感受,会导致我们在亲子关系中陷入僵局,阻碍我们尽可能地接近孩子,因此降低了孩子获得幸福的能力。

承认及确认我们自己及孩子的感受很重要——那不仅事关我们和孩子的心理健康,也是一种理解我们的触发点及孩子的触发点的方式。此外,那也可以让我们更深入地理解,为什么我们和孩子会有那样的行为。

一旦找到孩子感受的脉络了,所有的感受都会变得可以理解,包括黏人、觉得衣柜里有鬼、床底下有怪物、莫名感到悲伤,或难以承受的失落等等。如果脉络不明显,那也不表示没有脉络。你要做的第一步是接受孩子的感受,那可以帮你理解他的行为。如此一来,你就能包容他,也更能够与孩子合作来想出解决办法，做出有益的改变。

● 父母的谎言

有时，家庭的秘密其实是谎言。你可能不会那样想，觉得你只是在隐瞒孩子不需要知道，或可能伤害他的信息。

但一个家庭隐瞒信息，或家庭内部有谎言时，即使家庭成员没意识到真相，他们还是会受到影响。那是因为我们的身体会察觉到，某些事情不是那么单纯与公开。

如果你撒谎或隐匿信息以防孩子受到真相的影响，这样做是在削弱孩子的直觉。你告诉孩子的信息，与他感受与察觉的状态不同。他会觉得不舒服，如果他无法表达出那种不舒服的感觉，可能会以不当的行为展现出来。

下面的案例是我接受心理治疗师的培训时所看到的个案，可以用来说明这个现象。

X先生和X太太为了十几岁的儿子A去看心理治疗师F博士。X夫妇说，A的行为失控了。他逃学，吸毒，酗酒，郁郁寡欢，沉默寡言，一直从母亲的手提包里偷钱。他们希望治疗师可以给一些建议，告诉他们如何把孩子教好。

F博士向他们解释,孩子进入青春期时,觉得有必要与父母分离,自己会建立一个圈子或加入新的社交圈。等孩子觉得他已经建立一个有别于父母的独立身份时,他就不会那么叛逆了,一切都会缓和下来。但X夫妇坚称,儿子的行为已经超出那种常态。

F博士问A的童年生活是什么状态。X夫妇描述了一个快乐、正常的小男孩,但他们的描述听起来很生硬乏味,缺乏细节。过程中X夫妇对视了一眼,仿佛在交流什么秘密似的,F博士注意到了。他说:"你们是不是还隐瞒了什么没讲?"X夫妇陷入沉默,再次互看了一眼。

F博士追问:"你们夫妻俩的相处一直很好吗?"X先生终于说:"那时我们不在一起。"妻子瞪了他一眼。

"他小时候,你们离婚了吗?"真相终于揭晓了,X先生不是A的父亲,但A一直以为他是父亲。X太太说,A的生父"不好",经常酗酒。A十八个月大时,他就因酒驾造成的车祸过世了。

"A不会记得他,他几乎都没在孩子身边。"X太太说。

"他可能不记得有这个人,但身体层面上,他以前可能感觉到他的存在,后来又感觉不到他的存在。"F博士说。

"我们担心A的行为是他父亲的遗传。"X先生说。

F博士告诉他们,行为是一种沟通,是有意义的,"那么,A的行为告诉你们什么?"

"感觉他好像在叫我们滚远一点。"X先生说。

"你们对A撒了一个谎,而且是弥天大谎。他不知道那是什么,但他可能觉得有些事情不太对劲,因此心烦意乱。"F博士说。

"我们没有撒谎,只是没告诉他真相而已。"X夫妇说。

"你们撒谎的方式是故意不说。"F博士说

"那我们该怎么办?"X夫妇问道。

"我不会告诉你们该怎么做。不过,我在想,这可能是问题的一部分。"

X夫妇决定告诉儿子真相,他听了非常愤怒。他发现生父有个哥哥,就跑去跟伯伯住在一起,从那开始努力用功,在学校表现得很好,也考上了大学。

X夫妇希望儿子走上正轨的愿望实现了,他们现在唯一需要做的是修复破裂的关系——他们需要理解儿子的愤怒,承认他们以前为了维持完美家庭的形象,没有对儿子说实话。他们需要承认这样做对儿子的影响,并为此道歉,接受儿子对这件事情的任何感受。我不知道后来他们有没有这样做,因为故事只写到这里。

很多时候,我们宁愿某事没发生时,会对孩子撒谎,故意不让孩子知道。想避免孩子感到难过是人之常情,但问题不是出在孩子有那些难过的感受,而是在于我们害怕他有那些感受。所以,我认为,如果家长可以告诉孩子,你或伴侣有困难,正在努力解决,也希望能够解决那些困难,这样做要比隐瞒孩子更好。如果孩子担心,你可以安抚他。如果我们不把那些坏消息以孩子能接受的方式说出来,无论如何孩子都会察觉到气氛不太对劲,他可能会胡思乱想出更不好的情况。

我认为对孩子撒谎或故意隐瞒事实不是明智的做法,比如某个对家庭很重要的人过世了,在告知孩子这些事情时,需要让孩子知道:尽管我们现在极度悲伤,永远忘不了那个人,但我们会习惯他的消失,日子会继续过下去,并恢复往日的欢乐。同样,如果父母之中有一人要搬出去住,这需要在事情发生之前先讨论,孩子需要知道父母的计划,也需要知道以后他们如何继续过日子,让孩子知道,他依然可以经常见到父母双方。

亲子沟通可能有多种适合不同年龄的方式。例如,你可以告诉孩子:"我不舒服,我要去看医生,运气好的话,我会好起来。如果我看起来心不在焉,我很抱歉,因为我在担心病情。"这样讲比隐瞒你得癌症的消息更好。如果孩子是领养的,最好从一开始就以适合其年龄的方式告诉他,让他从小就知道这件事,不要等到突然有一天让他震惊地发现真相。我们无法保护孩子免受无可避免的丧亲之痛以及生活中的灾难,但是灾难发生时，我们可以陪在他身边，与他一起感受，帮他控制情绪。

每个孩子都需要有人肯定他的重要性，肯定他是有人关爱及渴望的。而且，你不能以随性的话语表达，你需要用爱表达，让他看到你的脸庞在见到他时整个亮了起来，让他从你们的亲子互动中感受到爱，让他觉得你把他纳入生活中，让他看到你很享受亲子乐趣及陪伴他的感觉。如果你隐瞒一些影响孩子的信息，你就达不到这样的效果。孩子有权知道真相。

● 孩子的谎言

女儿刚上中学时，我去参加学校为新生家长举办的迎新演讲，校长玛格丽特·康奈尔（Margaret Connell）看着现场的所有家长，坦率地说："孩子会对你撒谎。"我心想："哦，我女儿不会，我们关系很好。"她接着说："即使你觉得孩子对你说了一切，他进入青春期时，还是会对你撒谎。身为家长，你的任务就是不要对此大惊小怪。"

几年后，我请教康奈尔女士这件事，她告诉我："每个人都会撒谎。在我们做的所有坏事中，撒谎是最常见的，也是我们最不会去多想的。但不知怎的，父母似乎觉得孩子这种罪过比其他的罪过更严重。孩子做了某件不该做的事情，也许是很小的事情，但他说他没做，父母会说：'我了解我的孩子，他有缺点，但他不会撒谎。'问题是，这会导致孩子陷入一种复杂的状况，这表示无论发生什么事，你永远无法知道真相。"

每个孩子都会撒谎，每个大人也会撒谎。不撒谎当然很好，那会让亲子之间更有机会进行适当的对话，达到真正的亲近。但每个人都会撒谎，我们不应该把孩子撒谎当成罪大恶极的事。

撒谎在我们的文化中是可以接受的，我们要求孩子不撒谎，但奶奶连续三年为他织了他不喜欢的围巾当圣诞礼物时，我们又教孩子要假装开心并表达感谢。你仔细想想会发现，孩子不得不学习掌握一种复杂的状况：何时才适合撒谎。孩子随时都可以目睹父母撒谎。例如，孩子听到你对伴侣说，你告诉你的同事你有其他事，不能参加公司的迎新会了，但实情是你根本不想去。如果孩子目睹你做这种事，看到你可以完美地说服别人相信你不真实的借口，他没有理由相信你永远不会对他撒谎。

说到撒谎，那对孩子来说是一件很有成就感的事。首先，他必须构思另一种现实，然后说："这件事发生了。"接着，他必须把这件事和实际发生的事都记在心里，而且必须把两者区分开来，以免露出破绽。然后——这才是真正聪明的地方——他还必须记住你在想什么，以及你知道什么。

两三岁的幼儿可能会有欺骗行为，例如背着你把不爱吃的东西拿去喂狗，但他们直到四岁左右才会开始像我上面描述的那样撒谎。他们那样撒谎后，会发现他们有了一种新的超能力，"哇，我可以编故事，大家依然相信我！太神奇了！"

孩子撒谎往往是因为生活中的成年人无法冷静地看待真相，无法对真相不加评判。有些孩子撒谎是为了摆脱麻烦，有些谎言是幻想或是为了取悦成年人，或是为了帮别人一个忙。

有时孩子撒谎是为了传达一个情感上的事实。有人问他怎么了，他不知道该怎么解释时，他会编造一个符合自己感觉的故事。

弗洛三岁上托儿所时，有一天她看起来不像平常那么活泼。老师问她是不是出了什么事，她回答："我的金鱼死了。"我去接她放学时，老师告诉我她们的对话，我说："呃，可是我们没养过金鱼。"

仔细一想，我意识到她是在说另一种"实话"。那时我亲爱的姨妈过世了，我很难过。弗洛可能看到我流泪，也许那阵子我对她专注的东西没什么兴趣；也许她对我说话时，我没听见。总而言之，我虽然在她身边，却无法关注她。也许她想念我平常的样子，把它比喻成一条金鱼？或者，更有可能的是，她可以处理及想象金鱼的死亡，而我失去亲人这件可怕的大事需要简化成一条金鱼，她才能够处理那个信息。

后来，我把我认为真正发生的事情告诉了老师。对孩子来说,接受幻想比接受现实来得容易,我们需要尊重这点。我们越常用语言来表达我们的感受和孩子的感受时,孩子就越不需要以撒谎的方式来传达真实的情绪。这需要多年的学习。

有时孩子幻想的谎言是一种自我安慰的形式,我们必须像面对孩子所有的异常行为一样,去了解行为背后的感受,而不是去谴责孩子的行为。如果事情大到令孩子难以承受(就像我女儿无法处理我姨妈过世的事情那样),他会把大事简化成"一条金鱼"或任何类似的东西。

年龄更大的孩子撒谎时,还有更多的理由。你可能已经料到康奈尔女士的睿智说法后来应验了。弗洛十五岁的时候确实对我撒了谎。我发现她撒谎时,想起康奈尔女士的话,并没有把那件事情看得很严重。相反,我听进去了女儿的解释。

她和一位朋友都告诉父母,她们在对方的家里做功课,但实际上是去当地大学的学生酒吧。她说她必须说谎,因为我绝对不会让她去那种地方,我静静地聆听了她的说法。我告诉她,我确实不会让她去那种地方,因为那是违法的:她尚未成年,不能喝酒,而且那是私人酒吧,她们无权使用。但是,我也说,我不让她去的真正原因是我很害怕。我害怕是因为我十五岁时,也有过类似的经历,我也没告诉父母。我回顾以前的反常行为,觉得我是让自己置身险境,只是很幸运没出事。我告诉她,我还没准备好让她像我那样,在这个年龄把自己置身于险境，失去理智，喝太多酒，试图让年纪比我大、比我老练的人对我刮目相看。我告诉她，她必须等到我放心让她去做那样的事情时再去做。我说，如果她因此感到失望，我可以理解。

事实上，接下来的一年，我已经放心给予她更多的自由。弗洛十六岁的时候，我让她和同伴在一个流行音乐节上露营，她们都安然无恙。在她去之前，我们确实讨论过，我也谈到我的担忧：万一你的手机没电，你和朋友走失了，你会怎么做？你如何判断现场提供的食物是否有风险？（那是陷阱题。）她的回答很明智。

现在弗洛已经成年了，她很喜欢跟我说一些她当时没对我透露的事情，借此吓唬我，拿我寻开心。比如凌晨三点时，营地上的帐篷着火了，而她们的帐篷是现场唯一没着火的。她和朋友离开了现场，步行数英里到火车站，在那里过夜。对两个十六岁的孩子来说，那是一次奇妙的冒险。弗洛说当时她不能告诉我那件事，因为她觉得保守那个秘密很有趣。

家长不要对孩子的所作所为以及他告诉你的事情反应过度，这样才更有可能维持亲子沟通渠道的畅通。我可能对自己的恐惧反应过度，所以她才会觉得当时我还没准备好聆听真相，直到多年以后才对我吐露实情。

教养青春期的孩子时，请记得你自己青春期是什么样子。

那时父母为了阻止他们的恐惧变成现实,而对你设下了种种限制,使你觉得束手束脚,很不自在。

青少年确实需要对一些事情保密,比如我女儿那个无伤大雅的故事。孩子需要这种隐私来塑造独立的身份。青少年可能也会为了帮自己创造空间而撒谎或故意不透露真相。这并不表示他一定在做什么坏事,他可能只是想做只有自己或朋友知道的事,因为他正在脱离家庭与父母的圈子,打造自己的新圈子。

你的目标是从婴儿期到成年期,持续维持亲子沟通渠道的畅通。重要的是,孩子觉得他可以告诉你真相,觉得他的所有感受都会获得接纳,甚至包括那些你会担心的感受和态度。如果孩子不敢对你透露这些,万一他在学校被欺负,或被柔道教练的性暗示吓到时,他能向谁求助?你需要包容孩子的感受,别对他的行为或告诉你的事情反应过度——你的做法是不要做出评判,让孩子自己去思考解决问题的方法,而不是直接告诉他该做什么。我们的人生经验比孩子丰富,有时孩子告诉我们一些事情时,我们可能很想告诉他该做什么,可以的话,请克制这样的冲动,这样你才能给孩子灌输信心,以免剥夺他的能力。如果你是倾听者,而不是扮演先知,孩子更有可能持续对你说实话。

孩子说谎,或有其他你认为不妥当的行为时,与其立刻做出反应,不如去找出说谎或行为背后的原因和感受。如果你理解并确认那些感受，你等于给孩子一个机会去寻找更好的方式来表达自己的需求。

康奈尔女士跟我提起一个学生的故事。"我以前有一个学生，每次世界上发生灾难时，她总说她和那个灾难有关联。无论是地震，还是火车相撞，她都有一个远房表亲或姐夫，或一个朋友遇难。过了一段时间，我意识到那不太可能。我想，她之所以说谎，是为了获得关注与同情。那可能是因为她无法以直接的方式获得关注与同情，才会根据当天的新闻编造那些不太可能的情境。"

为了找出问题的根源，就不要只盯着谎言，而是去找出孩子生活中缺少了什么，或发生了哪些事情是需要你同情与关注的。另外，你也需要了解，究竟发生了什么事，导致孩子必须采取这种迂回的方式来获得同情与关注。

你可能会想，话虽如此，可撒谎仍是错的。但是，以严厉的道德管教方式来处理说谎，并不会使孩子变得更诚实。事实上，研究显示，那会导致孩子更擅长撒谎。

研究员维多利亚·塔瓦尔（Victoria Talwar）造访西非的两所学校。那两所学校招收的学生很类似，但管教方式截然不同。一个很像典型的西方学校：如果你做错事（例如撒谎或调皮捣蛋），老师会找你谈话或留校察看，指导你下次该怎么做。另一所学校是采用惩罚的方式：孩子行为不端时，老师会叫他出去，痛打他一顿。

塔瓦尔想知道哪种方式更能教出诚实的孩子，所以她做了一个实验，名叫"偷窥游戏"。她邀请一个孩子进房间，对他说："你坐在这里，面向墙壁。我会在你身后拿出三个物体，你要从它发出的声音猜出它是什么。"她会故意让第三个物体发出不相干的声音，例如，那是足球，却发出音乐生日贺卡的声音。

请孩子回答之前，她说："我得离开房间一下。别偷看哦！"当她回来时，她说："你没偷看吧？"孩子总是回答："没有。"然后她问："第三个物体是什么？你可以从声音猜出来吗？"几乎每个孩子都说："是足球。"因为他们几乎都偷看了。

塔瓦尔接着问："你怎么会知道？你偷看了，对不对？"这时，她可以衡量孩子撒谎的程度及撒谎的结果。在非严格管教的学校里，有些孩子撒谎，有些没撒谎。两者的比例和她在其他国家做实验的结果差不多。但是在那所采用惩罚制度的学校里，孩子都很乐于撒谎，而且他们的谎言还很有说服力。所以，学校以惩罚来遏止撒谎时，不知不觉中反而使学校变成制造高明说谎者的机器——康奈尔女士一直都知道这点。

当孩子说谎时（注意，我是说"当"，而不是"如果"），请记得说谎的所有原因。这是一个发展阶段，孩子正在模仿你，正在创造私人的空间，他说谎是为了避免惩罚或避免沮丧。如果说谎是问题，最好是解决问题，找出谎言背后的原因，而不是惩罚孩子。惩罚只会使孩子变得更擅长说谎。

你越喜欢评判孩子，越喜欢采取惩罚的方式，孩子越不可能对你吐露实情。他还是会想要取悦你，想要获得你的认可，但他会把诚实抛在一边，把真实的自我搁在一边，那可能对他的心理健康有害。严酷的刑法无法培养出有道德的好公民。严格的管教也无法培养出让双方都满意的亲子关系，那反而可能破坏孩子在生活中培养持久、满意的人际关系的能力。

请记住康奈尔女士的话："孩子会撒谎。身为家长，你的任务是不要对此大惊小怪。"

● 界限：界定你自己，而不是孩子

孩子——以及所有的人——需要的，是爱加上界限，而不是只能二选一。

界限对任何人际关系都很重要。界限是你在沙滩上画的那条不许别人越过的线。超过那条线就是你的极限。一旦突破极限，你便不再冷静，无法控制情绪。

所以最好在达到极限之前，先设定界限。举个例子，你对孩子说："我不能让你玩我的钥匙。"接着就把钥匙拿走。你可以平静但坚定地陈述界限。你达到极限时，就已经没有那样的控制力了，也许你的反应会令孩子感到害怕，也许你会直接夺回钥匙,对孩子大吼大叫。

有时家长觉得设定界限很难。例如,经历多次流产、做试管婴儿或经历某些悲惨情况(比如另一个孩子过世)后,好不容易才生下一个孩子,父母可能会被那种幸福的奇迹所蒙蔽,因此不知道自己的极限在哪里,把孩子当神一样供着。没有界限时,孩子不会知道你和其他人的极限在哪里。如果你从小就觉得自己很重要,无所不能,别人对你有求必应,那么你可能从良好的自尊变成自欺。每个人都需要界限,以便有某种架构来支撑生活并学习和他人一起生活,孩子也不例外。

你应该养成一个习惯,通过界定你自己,而不是界定孩子来划定界限,所以你应该说:"我不能让你玩我的钥匙。"而不是说:"我以前告诉过你,你不能碰我的钥匙。"即使孩子仍无法理解语言,如此界定你自己也是家长应该养成的好习惯。以后你和青少年划定界限时,孩子更容易听懂"我需要你十点前回到家",而不是"你年龄太小,十点以后不该在外面逗留"。

下面是一封来自朋友的电邮,我刚刚和他分享了"界定你自己,而不是界定孩子"的理论。

前几天晚上,我没像往常一样对孩子说:"快去刷牙,快去!我已经跟你说了四次了,我不会再说了。你要是现在

不去刷牙，我就不让你玩电脑了。"这次我这样说："今晚我真的很累，我实在不想听我自己唠叨你去刷牙了。现在可以请你主动去刷牙吗？"他照做了，我真爱他。

———

你会希望你设的界限是有效的，所以不要发出空洞的威胁。在孩子意识到你的威胁很空洞之前，那听起来太可怕了，很容易破坏孩子的思考流程，而不是帮他学习思考。而且，一旦他知道你的威胁可能是空话时，他就不会把你当一回事。所以，你需要说到做到，不要心软退缩，而把钥匙（或其他东西）又交给孩子。孩子可能因此发脾气，你可以同情他因为得不到钥匙而感到失落，但同时要坚守你的界限——不给他钥匙。

面对婴幼儿时，你设定界限的方式是，把孩子抱离你不想让他做或打扰的事情。这样做时，你必须尊重孩子，尊重孩子不是在"宠坏"他。

例如，你可以说："我不能让你逗狗，所以我要把你抱起来，离开狗的身边。"即使孩子还不会说话，你亲切但坚定的语气，以及你把他从正在进行的事情上移开，可以逐渐让他知道你不赞成他做的事。或者，你也可以说："我带你离开房间，是因为你不能在别人演讲时吵闹。"孩子可能听不懂你的话，但他会开始具体了解什么行为是合适的，什么行为是不合适的。如果孩子把玩具键盘拿来当武器，你可以示范给他看，键盘是用来玩的，不是用来打人或乱扔的。接着你可以说："除非你拿键盘来玩，而不是拿来打人，否则我要拿走啦。"如果孩子的不当行为依然持续，你就把键盘拿走。

　　说话要冷静、温和、坚定，而且要说到做到，始终如一。不对孩子发出空洞的威胁，贯彻执行"离开现场"的优点在于，孩子会学会认真看待你的话，因为你是言出必行的人。这种方法令我讶异的是，当孩子大到你无法直接把他抱离现场时，他已经知道你是说到做到的人，所以他会按你的指示做，就像以前你可以直接把他抱离现场一样。

　　如果孩子已经过了"你可以直接抱离"的阶段，你应该借由界定你自己，而不是界定他来设定界限，不要陷入理由之争。切记：你和孩子站在同一边。你们双方都希望彼此满意。为了达到那个目标，你需要倾听及同理他的感受，包容他的失落感，学习何时该坚定立场（例如，接近你的极限时，或孩子的安全岌岌可危时，或更常见的是，你担心他的安全已经超出你能忍受的范围时），何时该灵活应对（例如，长远来看改变计划或期望，不会危及任何事情的时候；你为了维持形象而坚定立场的时候；你想要操纵孩子，而不是理解孩子的时候）。

　　我写这段文字时，听到一些孩子在邻居的花园里玩耍。他们变得越来越吵，好像都玩疯了。接着，我听到一个大人对他们说:"我觉得你们太吵了。你们可以在外面安静地玩,不然就进屋玩。"我喜欢她那坚定但平静的语气,我感觉放心多了,仿佛我是那些失去控制、需要界限的孩子之一。过了一会儿,孩子又吵了起来,那个大人再次出来,以更坚定的语气说:"好了,你们都进屋吧。"孩子们成群走入屋内,他们都知道她是认真的。

尽量不要以负面的话语来设定界限。与其说"不要在墙上画画",不如说:"墙不是用来画画的,纸才是画画的地方,这里有一些纸。"

下面是关系破裂后的修复例子,看看伊娃的母亲吉娜是怎么对待两岁的伊娃的。

我们刚刚玩得很愉快。伊娃画画后去洗手,她在洗脸盆里装满水,然后小心翼翼地把它放在一边。我说:"伊娃,你好细心。"她说:"是的。"接着她拥抱我。我这才意识到,以前我说话不是那么正面,我通常是说:"别把水洒出来。""不要把地板弄湿。"她的拥抱是对我这种温和教养行为的奖励。

首先,界限是为了保护孩子安全。我们可以说:"在花园

里玩，不要到马路上玩，因为马路上不安全。"这样一来，孩子会顾及环境和其他人。家长划定界限时，常假装那不是在界定自己。我们可能会说："这个节目结束时，你必须关掉电视，因为你看太多电视了。"这样讲是在界定孩子。没有人喜欢被界定或被告知他需要怎么做，尤其是他认为自己不需要的时候。在这个例子中，你真正的意思是："我不想看电视了，所以这个节目结束后，我会把电视关掉。"你可以界定自己，而不是对孩子（和你自己）假装你很客观，这样做也是对孩子的良好示范。你是在示范，你倾听你的感受，并从感受中了解你想要什么，接着就去执行。这是维持理智的关键。

你可能看过一些专家主张，孩子一天看电视的时间超过一小时不好，所以你告诉孩子他看太久了必须关电视时，可能会觉得你是在陈述一个客观的事实，但是孩子并不觉得一小时很久，所以你那样说可能会挑起亲子之间的"事实网球"。所以，你应该界定自己，使用"我陈述句"来设定界限，说出你的感受："我不希望你一直看电视，所以这个节目结束后，我会关电视。你想玩点别的吗？要不帮我一起准备晚餐？"

对孩子发脾气可能会给孩子造成精神创伤，使他封闭起来，不愿沟通。所以，你最好知道自己的极限，并在你达到极限之前坚守界限。界限是别人停止行为的时候，极限是别人超越界限后，你情绪爆发的时候。

如果你发现孩子看了两个小时的视频或动画片后，你会失去理智，那么两个小时就是你的极限，你需要在两个小时之前设定界限。界限对被设限的人有好处，也对设定界限的人有好处，我们不该假装。

如果假装你设定界限有合理的理由，你等于是在教孩子把真实的感受藏在合理的理由背后，那会导致沟通变得更困难，因为孩子会变得越来越擅长编造合理的理由，而不是表达感受。除非你从一开始就习惯清楚地沟通，你也习惯谈自己的感受、聆听孩子的感受并认真看待孩子，否则你很难进行比较复杂的亲子对话（例如谈性与色情、负面新闻、压力和感受）。

如果你为界限编造理由，即使理由听起来很合理，你也会陷入各种困难。"爸爸让我八点睡觉，为什么你说我七点半就必须睡觉？"小孩会纳闷："谁是对的？"其实你的真实想法是："爸爸觉得你八点睡没问题，但我觉得不可以。今晚我希望你七点半上床睡觉，因为我想在八点开始工作，不受打扰。"

我们都需要诚实地对待孩子，这表示我们应该与孩子分享我们的感受，而不是假装我们没有任何感受。我们的感觉和个人喜好，无可避免会影响我们的决定（例如孩子应该何时睡觉），我们不能假装个人感觉或偏好不会影响我们的决定。

同样，如果你制定的规矩看起来很僵化，孩子可能心生不满。例如，某个家庭中，长子有自闭症，他需要知道会发生什么事以及什么时候发生，而且事情一定要照那个计划发生，每天都必须一样。家长以同样的惯例和规则来教养后面两个儿子，因为他们认为，如果他们给老二和老三一些弹性，却不给老大，那"不公平"。他们会说："约翰十二岁时是八点睡觉，所以你也应该如此。"如果你的教养方式那么僵化，不把每个孩子视为独立的个体看待，他们可能会逐渐累积对你或兄弟姐妹的怨恨。累积怨恨也是在累积麻烦。

设定界限的经验法则是，界定你自己，而不是界定孩子。例如，孩子放音乐的声音很大，打扰了你。孩子沉浸在音乐中，不亦乐乎，你却开始烦躁起来，怒气冲冲。换句话说，你正在接近你的极限。这时你可以界定自己，描述你的感受，而不是界定孩子。你可以说："我觉得音乐太大声了，我想请你调小声一点。"而不是说："你的音乐太吵了，把音量调小一点。"

我的父母对我发号施令或划定界限时，从来不界定自己，我记得那感觉很令人不快。当时我可能不太清楚原因，但我总觉得不太对劲，他们的说法令我感到愤怒又孤单。

因此我决定，等我有孩子以后，我会采用不同的方式。我会对孩子诚实，对她说实话。尽管我告诉女儿我觉得很冷又无聊，想赶快离开游乐场，感觉那就是在承认我很自私，但如此界定自己，效果很好。借由示范及说出我的感受，接着说出我想说的话，女儿也学会做同样的事情，我们不会陷入理由之争。

什么是理由之争？理由之争就是我前面提到过的打"事实

网球",假装感受完全不影响决定,但对话持续升温,变成争吵或对立。例如:

大人:"我们得走了,因为我们需要回家做午餐。"
孩子:"不需要啊,我们可以吃昨天的剩菜。"
大人:"不管怎样,现在都该回家吃午餐了。"
孩子:"我不饿,如果你饿了,袋子里有苹果。"
大人:"你需要吃正式的午餐,我们现在要回家了,就这样。"
孩子:"哇——(大哭)"

如果你发现自己常陷入这种争论,那是因为你无意间教了孩子"事实网球"的规则。你可能以为提出一个牵涉到孩子的理由("现在是你吃午餐的时候了!")感觉比较好,或听起来不显得你很自私,但那不是你想离开游乐场的真正原因。真正的原因可能是,你自己想吃午餐。你摆出前面那个理由,反而给孩子太多的争论空间。如果是你想吃午餐,他无法跟你争辩那个事实。

摆脱理由之争的方法，是描述你的感受，说出你想要什么。每个人都分享自己的感受，而不是假装一切都是为了某个理由时，协商就容易多了。所以，请试着这样做：

大人："我们得走了，因为我想吃午餐。"
孩子："我不想走。"
大人："我很抱歉，我知道你还想再玩一会儿。但是我现在不吃午餐的话，会饿得发脾气。我再给你两分钟玩游戏，然后我们就走。"

接着，你要坚持到底。

我记得有一天，我告诉女儿，我在游乐场觉得又冷又无聊，所以我们五分钟后要离开，她主动跟我说："你想走的话，我们也可以两分钟后就离开。"我听了非常惊喜。

孩子获得倾听，感受也获得重视时，他会觉得自己受到尊重，不会因为失落而发脾气，也更愿意跟你和睦相处，并学会发挥同理心。未获得足够聆听的孩子，要求则比较多。至于年纪很小的孩子，他们需要好几年的时间才能清楚地表达自己，所以你需要借由观察来倾听。

下面这个案例可以说明我的意思。

我的儿子保罗六岁，有交谈及语言障碍，可能与自闭症有关，但我们还没带他去做正式的诊断。他婴幼儿时期，家里有时感觉像战区一样。

我和丈夫开始试着从他的角度去理解生活后，我们全家的生活都改善了。我们需要花大量的时间和精力去观察与倾听，以便了解他。他教会我们耐心。我们知道了何时可以稍稍把他往前推进，何时应该缩手。

我们还有一个女儿，比保罗大两岁。因为她的行为方式比较像我们，我们不需要经常揣测她的意图。但我们根据儿子的经验，也开始更细心地观察及倾听女儿。她在我们身边总是很开心，但我们也注意到，当我们更体谅她时，她也学会更体谅我们。

为年龄较大的孩子及青少年设定界限

"我十四岁的时候,觉得我父亲实在太无知了,我几乎无法忍受他。但我二十一岁的时候,我惊讶地发现,他竟然在七年里学了那么多东西。"

——马克·吐温

为青少年设定界限可能感觉比他们年幼时更加困难,但是如果你已经习惯界定自己,而不是界定孩子,那就容易多了。如果你还没养成这个习惯,现在开始也绝对不晚。

我儿子伊桑十几岁时,行为恶劣。他在学校惹过几次麻烦,但还不是多大的问题。他快十六岁时,情况恶化了。有一天我接到警察局的电话,要我去接他,因为他参与了"超市扫荡"活动。他和一群朋友在超市里装满一个手推车,里面全是啤酒和糖果,并试图不付钱就直接推着推车出去。他说他不知道自己为什么会那样做,只是跟着大家一起闹着玩而已,这完全不符合他的性格,但我也担心他

可能正在养成这种性格。

啤酒和糖果，这是青少年的写照——刚好介于童年和成年之间的阶段。孩子该如何度过这个时期呢？你还记得你在这段时间有多困惑吗？身为父母，我们该如何应对？你可以说出那种行为给你的感觉。孩子到了这个阶段，父母最常用的字眼是"失望"。父母以"失望"来界定孩子时，比父母说孩子"像白痴一样"更让孩子觉得难过。另一种做法是检讨问题，逐步细分，让孩子了解他的思维流程。如此一来，青少年以后就能学会自己使用这种方法。

1. 界定问题。

在这个例子中，你可以说："我觉得在超市偷窃是不对的。我需要了解为什么会发生这种事，我们得想想办法，避免下次再犯。我去警察局接你时，简直无地自容。"

2. 找出问题背后的感受。

亲子间的对话可能是这样：

"你们五个少年聚在一起时，发生了什么事？因为你们每个人单独来看都不像天生的罪犯。"

"我不知道。"

"好吧,慢慢来。你做那件事之前,感觉如何?"

"我们有说有笑,很开心。"

"然后发生了什么事?"

"我们开始互相挑战。"

"然后发生了什么事?"

"我们就做了那件事。"

"我在想,是不是你们五个凑在一起时,相互刺激,结果一发不可收拾,谁也不想输给谁,让同伴瞧不起。是不是这样?"

"对。"

3. 头脑风暴,想解决方案。

"那么,下次再发生这种情况时(比如你正要做一件你明知道不好的事情),你如何及时制止自己,以免情况失控?"

"我想,我们就想象一下就可以了,而不要真的去做。比如,想象要是做了那件事有多好笑。"

"那样的话,大家可以当成一个笑话来讲,而且不会有可怕的后果。"

"对。"

第二步和第三步需要重复,因为孩子可能有其他的事情需要谈论,比如他觉得他无法达到学校对他的期望,或其他的问题。也许你可以这么说:"我在想,你是不是因为被留校察看,所以本来就觉得很愤怒，想做点叛逆的事？"但切记，让孩子在讨论中当主导者。

如果你想为孩子将来的行为设定界限，你可以借由界定你自己，而不是界定孩子来设定界限。所以，与其说"你不值得信任，你被禁足了"，不如说"我会把你留在家里几周，因为从警察局接你回来以后，我不想再一直担心你了，我需要休息一下，我希望你在家里待一阵子，好让我放心"。你可以像这样持续表达你的感受。

不要评判孩子，给孩子贴上无能、冲动、不值得信任或不成熟的标签，这无法帮他们进步。设定界限是好事，例如"在我对你更有信心之前，我不希望你出去"，但是采用惩罚的方式会使人变得更加固执，也无法促进亲子之间的理解。你应该让对话持续下去，坚持下去，并检查解决方案的效果。

切记：你想设定界限时，应该界定自己，而不是界定孩子。以你自己的感受作为理由，因为你的感受才是真正的理由。举个例子，十三岁的孩子想自己搭夜车穿过市区回家，你可以说："你的想法挺好，你觉得自己长大了，能搭那班公交车，你知道如何安全地乘车。问题是，我还没准备好让你自己那样做。我必须赶快接受这个事实：你已经越来越成熟了，可以照顾自己了。请再给我一点时间，让我准备好适应这种状况。"这样讲，你是在示范如何诚实沟通，也是在示范如何设限。孩子会因此学到，你不准他深夜自己搭公交车不是他的错，而是因为你还不放心。他本来就知道这点，但你坦诚相告，他更有可能理解你的决定，那也有助于亲子关系的发展。

● 反常的青春期

十几岁的孩子正经历人生的一个特殊阶段——青春期。人类要到二十五岁左右才成熟。在那之前，我们极有可能在冒险与决策方面犯错。一般认为那是因为我们的额叶（即我们的大脑负责思考的地方），还没有和大脑的其他部分建立起快速的联结。但是，与此同时，我们感到兴奋的能力却已经达到一生的巅峰。青少年对事物的感受比幼儿或成人更深刻、更全面。他们冲动地展露情绪时，懂得"这不太好"或"别那样做"的能力还没跟上。有些人学会掌控冲动的时间点比较晚，但这不表示他们永远不会在行动之前就预想可能的结果。多数人终究会发展出那样的能力。

就像幼儿逐渐发现自主性的阶段一样，青少年需要爱，再加上界限及父母的乐观，才能学会掌控情绪与冲动。切记，孩子的行为达到新的里程碑之前是最为棘手的。你可以把青少年体验的情绪想象成彩色的，相比之下，我们的体验是黑白的。如果孩子能够把丰富的情感能量投入到创意上（例如音乐或体育），那当然很好。但有些孩子是以不恰当的行为来表达情感，那并不罕见。身为家长,你的任务是为孩子提供一个界限,一个解决方案的空间,更重要的是,不要为此小题大做。

找出孩子的出格行为想要传达什么信息,接着解决问题,再进行头脑风暴,这个三步骤的计划不是处理孩子麻烦行为的唯一方法。每个家庭都可以寻找自己的方式,并采用自己的方法来修复裂痕。以下是苏菲亚的故事。

我下班回家时,闻到有股烟味。我走进客厅,看到十六岁的女儿卡米拉和朋友在那里。我一直不太喜欢她这个朋友,因为女儿和她在一起时,好像总是在胡搞一些花样。于是,我转向她的朋友问道:"你刚刚抽烟了吗?"我女儿平静地说:"妈妈,我们都抽了。"但我不想听她讲,而是继续对她的朋友说教,说我不喜欢她在我家抽烟。平常很乖巧的女儿突然暴跳如雷,开始对我大喊:"不对,妈妈,是我抽的!别再说她了!为什么你从来不听我说呢?"她的朋友离开时,女儿已经气到爆炸了。我很震惊,因为她从来不曾那么生气。我说:"你这样对我说话,我很失望。我现在不想看到你,你上楼吧。"我丈夫亚当回家后,我告诉他发生了什么事。他提醒我,我们年轻时也抽过烟,我也是在女儿那个年纪开始抽烟的。他说,女儿刚刚

指出她已经受够了父母把她当成纯洁的天使,把她的朋友当成魔鬼。他也说我对她的朋友太快下定论了。

亚当帮我从卡米拉的角度看问题。我想起青少年的大脑是什么样子时,也开始冷静下来。亚当和我谈话时,我正在把酥皮放在苹果派上。我在酥皮上刻了"抽烟致命"的字样,再把它铺在派上,我想借此跟女儿和解。她下楼吃饭时,神情有些局促不安。但是她看到那个派时,笑了出来。接着,我们都笑了,紧绷的气氛瞬间消散。

卡米拉拍了一张照片,把它传上 Facebook,并配上文字说她抽烟被抓到,跟我大吵一架,以及我给她做了一个写着字的"和解派"。她的朋友留言说,我应该用烟屁股做个派给她吃——我可不敢做得那么过火!

你和十几岁的孩子闹别扭时,请记得这点:如果你经常倾听孩子,并从他和你的角度观察情况,不久的将来,你就能回顾类似这样的情境,跟着孩子一起大笑。换句话说,你会修复破裂的关系,尤其是你先破坏的关系。你的修复方式可能是做一个"和解派",或者,以言语表达歉意。

切记,不要否认孩子对你的感受。

身为成年人,我们不像孩子进化及发展得那么快,我们对青少年的看法可能六个月前还是准确的，但现在已经过时了。所以，六个月前，孩子可能很乐于让你帮他做功课，但现在他会觉得你的帮忙干扰了他。孩子说你很烦或你完全错了的时候，不要辩解。不过，如果这时你已逼近极限，帮孩子找出更好的抱怨方式，让你更容易听进去他的抱怨，可能是恰当的做法。如果你和家人使用界定自我的"我陈述句"，而不是界定别人的"你陈述句"来表达你的经验、感受、界限时，一切会变得更容易。

青少年在家庭之外塑造自己的身份，发展新的身份标记来帮他融入新的圈子时，可能会让你感到陌生。其实你并未失去你心爱的孩子。孩子在中学和大学的新朋友圈中感到安心时，他与你分离的需求就会减少，他过去的优点会重新显现。青少年的大脑有时像未驯服的野生动物一样猛烈。身为家长，你有时会觉得很难理解这个时期的孩子，但是请继续努力，保持乐观：孩子的额叶发育会赶上情绪的。

青年——指二十出头的人——可能会表现出不安全感，因为他们还不知道自己在生活中的位置。不安全感是一种恐惧，当我们感到害怕时，我们的本能是发动攻击。在某些领域，年轻人的机会可能很少。找到一个角色并塑造一个身份，那本身已经是个挑战。切记，在我们克服人生中的下一个障碍之前，我们通常是处于最糟的状态。年轻人需要理解与支持，才能找出自己的方式，他们往往只知道以行动来表达内心的沮丧。这对他们周围的人及整个社会来说，往往造成麻烦。永远不要因此认定某人就是"恶劣"。相反，请帮他们获得需要的协助。

当我们替一个人去做他可以自己完成的事情时，我们是在剥夺他的能力，那可能使他感觉更糟。例如，孩子挑选大学时，我们可以在他身边和他交流想法，但是要选择就读哪所学校，通常应交由孩子自己决定。我们可以提醒孩子，多数学校都有开放参观日，但查询时间及报名参观等工作最好留给孩子自己去做。我们可以分享我们知道的事情，但不需要直接告诉他该做什么。

青少年出现反社会行为，打破平常给人的乖巧印象时，家长常有的反应是："孩子交到坏朋友了。"那个群体里每个孩子的家长可能都这么说。对别的家长来说，你的孩子正是他们眼中那个"坏朋友"。这是人之常情，每个人都这样做过。我们不愿承认自己的孩子和其他的孩子都该为发生的事情负责，而是把过错归咎于他人，把自己视为无辜的受害者。问题不在于"坏孩子"的影响，而是同龄人的压力难以抗拒。你可以想想你十几岁的时候因同龄人压力做了什么。

儿童和青少年会试探性地做一些事情，那很正常，但你不见得能接受那些事情。你可以让孩子知道你的感受："你……的时候，我很生气。""你……的时候，我很害怕。""你……令我心烦。"但不要错过分享正面感受的机会。"你……的时候，我很自豪。""你……的时候，我很佩服。""你……的时候,我实在太爱你了。"等等。

只要不把孩子的感受视为胡闹,只要你能倾听,不做评判,只要你能确认孩子的体验,你就更有可能保持沟通渠道的畅通。随着你们双方年龄的增长,孩子更有可能持续向你倾诉。这使孩子和你在设定界限方面变得更容易、更自然。

如果你们的亲子关系曾经破裂,我建议你诚实面对你在那次破裂中所扮演的角色。如果你不知道你做错了什么,我建议你问孩子该怎么做才能修复裂痕(而且不要辩解),或者,询问孩子你怎么做你们更容易交谈。如果你随时谨记着年长者不是唯一正确的人,那会对你有帮助。

记住这个简单的经验法则也有帮助:界定你自己和你的感受,而不是界定孩子。

所以,与其说"你还太小,不能去酒吧",不如说"我还没准备好让你去酒吧"。

我的客户丽芙曾向我说起,她与十六岁的儿子马特的关系。

我们相处的时间越多——一起做事,一起休闲——要求他做事越容易。例如,请他把床罩拆下来清洗,或是把洗碗机里的碗盘拿出来。当我说:"你可以做这件事吗?"他会

说:"当然可以。"但我忙着处理自己的事情或忙于工作时,更多地沉浸在自己的世界里,这时我提出同样的要求:"你可以做这件事吗?"他会回应:"不行。"甚至说:"不行,为什么要我做?"以前,我们为此吵个不停。后来,我的工作不再那么繁忙时,我有更多的时间跟孩子一起看电视或吃比萨,我们的生活又恢复以前那种合作模式了。

我做母亲十年了才发现这点。我对丈夫说:"你不能只沉浸在自己的世界里,然后突然闯进马特的生活说:'我希望你做这件事。'"这有点像陌生人走进你家,告诉你该做什么。我们之间的联结越多,越容易解决问题及进行协商。如此一来,彼此都能获得需要的东西。

———

丽芙的经历提醒了我,无论孩子的年纪多大,花时间和孩子在一起,倾听他的心声很重要。不要在陪伴孩子时,双方各自盯着不同的手机屏幕,或各自沉浸在不同的世界,只是共享一个空间。我们需要确保我们除了与孩子一起生活以外,心也彼此相连。

沟通渠道畅通时,就比较容易和孩子谈一些更复杂、更微妙的议题,例如性爱、毒品、霸凌、友谊、色情、网络世界。你可以得知孩子和年轻一代是如何看待这些议题的,你和孩子可以分享你对这些议题的感受和看法，以及过程中的每个变化。如果你不愿意被孩子的意见与感受所影响，他也不太可能接受你的影响和睿智建议。

检视你青春期的岁月，可能会让你产生不愉快的醒悟，但是当你回忆你青春期的样子时，也许可以在你与孩子之间找到更多的共通点，下面的引述就是一例。

为了更了解布朗，我回顾了我在他那个年纪所写的日记。我对我日记里写的那些内容的粗俗与自命不凡感到震惊。

——伊夫林·沃（Evelyn Waugh）

- 练习：给孩子设界限的准则

· 界定你自己，而不是界定孩子。
· 不要假装你的决定是基于事实，但实际上却是基于你自己的感受与偏好。
· 记住你和孩子是站在同一边。

- 与孩子合作，一起头脑风暴，而不是对他下命令。
- 对孩子刻意隐瞒一些事会导致关系破裂，当你变得诚实时，就可以修复关系。
- 切记，孩子受到什么样的对待，他就会以同样的方式待人。

- **练习：把较年长的青春期孩子想成房客**

如果你不知道对孩子设定什么界限是合理的，你可以把他想象成住在你家的房客。你依然可以设定家规，但你的家规是界定你自己，而不是界定他。例如：

- "我希望你把包包放在自己的房间，而不是走廊上。"
- "我希望你十二点以前回家，因为你回来太晚的话，我会一直担心被你吵醒而睡不好。"
- "我不喜欢看到脏盘子堆在水池里，我看到会很不舒服。"
- "你可以随时使用洗衣机。"

如果你把快成年的孩子想成房客，那就可以给他一些渴望的距离，彼此尊重。

家长应该记得：为了帮孩子树立得体行为的四个基石，我们需要不断地实践。我们需要忍耐挫折，灵活应变，有解决问题的能力，能够从他人的角度看事情。

孩子长大成人后

对我来说，养儿育女的感觉有点像这样：前一分钟，你的步伐非常缓慢，因为幼儿的小腿只能迈出很小的步子。接着，你和孩子会以同样的速度前进一段时间。之后，孩子会超越你，你需要跑步才能跟上他。最后一段是最长的一段，那也是之前投注那么多时间、关怀、体恤、尊重、关爱的意义所在。这时孩子可以从安全的依附关系中获得收益，对世界充满好奇，有能力知道自己的感受，因此可以找出他在生活中想要及需要什么。你得到的收益则是，你可以看到孩子展翅高飞去追寻他想要的生活。

这时你在情感上及实践上已经提供给孩子一个安全的基础，所以即使他在途中迷失方向，（谁不会偶尔迷失呢？）他也有一个安全的避风港可以折返，为他提供援助和安慰。即使你已经不在那里（因为我们都是凡人，终将离世），孩子也会在内心找到那个与你共同建立的安全基础，可以帮他回归正轨。

父母对成年子女的生活关注但不加干涉，这对成年子女来说意义重大。你对孩子来说始终是一面镜子。某种程度上，孩子如何看待自己，多多少少被你对他的反应、你有多喜欢他、你如何关心及了解他所影响。孩子即使已经成年，有了自己的孩子或到了退休的时候，这一切也不会突然停止，仍在持续下去。

百岁母亲开心地和孩子分享她对孩子的骄傲时，即使孩子已经七十五岁了，那也是很有意义的事。那是有影响力的，也是非常重要的。我们对成年子女的骄傲，对孩子来说意义非凡，那往往比别人的赞赏更重要。不要因为孩子的成功而邀功（除非他想归功于你），因为这对孩子没有帮助，同时也不要在孩子遇到挫折时推卸你的责任。

修补裂痕永远不晚，但在双方都在世时修补裂痕会更好。具体做法是寻找你的行为和孩子行为背后的感受，并试图理解那些感受。例如，成年子女提醒你，你的新情人不适合你，你很生气。不要因此认为孩子想要把你占为己有，或对你无礼，他是关心你、爱你。你可以回应他担心的部分，而不是回应他告诉你那个不愉快的真相，而导致你生气的部分。父母和孩子的角色可能互换，终有一天你会发现孩子也开始管教你。

让成年的子女知道，我们犯的错误可能导致他做出错误的决定，这也是有帮助的。如果你觉得很不公平，我很抱歉。"这不公平"是我为这本书想书名时，第一个想到的点子，因为成年人必须在孩子身上投入大量的时间；而且不管我们投注多少心力，亲子教养的结果也是没有保证的。

当家长觉得自己的职责已大致完成时，会产生一种失落感。当孩子向家长报告自己的成就时，家长故意表现得很淡漠，仿佛那与自己无关，这种做法是错误的。下面茱莉的经历就是一例。

我告诉我妈妈，她的外孙在学校表现得很好，她没有为我们感到高兴，而是告诉我，我妹妹以前读书时有多优秀，她的话让我感到很受伤，而且那根本不是真的。感觉她好像想胜过我一样，我问她为什么要跟我较劲，她突然慌张起来，立刻换了话题。

这个例子里的外祖母可能是听到女儿讲起对自己儿子的骄傲，就想起她年轻时对孩子们的骄傲，但她的表现方式显然错了。孩子长大成人后，我们还是跟以前一样，不要害怕自己错了，不要为犯错而惊慌失措，而是要修补裂痕。这样可以帮我们注意以前那种针锋相对（例如"事实网球"）或争输赢的习惯，因为当我们认为自己的责任已经完成时，可能会因疏忽而犯错，忘记注意自己的行为，于是那些毫无帮助的亲子相处方式又再次出现。即使这时孩子都成年了，基于过去的依赖和亲子关系，父母对于成年子女如何看待自己及生活，可能还是有

很大的影响。我们需要记住这点，以免在无意间伤害孩子（像上面的例子那样），或与孩子融合得太深，没有边界，不假思索地让内心的批判者对孩子妄加批判。

亲子关系可能是人生中最重要、影响我们最深的关系。我们需要在孩子成年后持续尊重他，关爱他，来持续呵护亲子关系。

就像我建议大家回顾自己的童年，以注意那段经历如何影响我们的亲子教养一样，如今我们成年后，也可以留意父母现在怎么对待我们。将来我们的孩子成年后，我们可以决定哪些做法要跟父母一样，哪些做法不要跟父母一样。

如果我们有幸活得很长寿，在亲子关系的最后阶段，我们可能得依靠孩子为我们做决定。如果我们学会信任孩子，这对我们和孩子来说都会比较容易。养儿育女意味着，孩子还小时，你是家长；接着，你和孩子都是成年人；最后，你可能在成年子女的眼中变成小孩。如果我们可以灵活演绎这些角色，每个人都能过得更轻松。

后记

帮他们穿衣，喂他们吃饭，给他们洗澡，哄他们睡觉……

让我们回到前言中那个脱口秀演员说的笑话，他说你需要为孩子做的四件事是：帮他们穿衣，喂他们吃饭，给他们洗澡，哄他们睡觉。做这些事情——亦即为人父母——可能不是你想象的那么轻松，但我希望你做了下面的事情以后，会觉得容易一些：

- 抛开童年留下的障碍，那些障碍阻碍了你的温情与接纳、身体接触、身体的存在感与理解力。
- 营造一个安全和谐的家庭环境，让意见分歧得以安全地化解。
- 孩子需要和不同年龄的人一起玩耍，需要抚慰，也需要你投入大量的关注与时间。
- 你可以从孩子的角度和你自己的角度来看事情。
- 你可以帮孩子找到表达真实感受的方法（而不是你希望他有的感受），你可以确认及想办法了解他的感受（和你自己的感受）。
- 不要急着拯救孩子，而是让他通过头脑风暴找出解决方案。不要急着告诉他该做什么。
- 借由界定自己来设定界限,而不是界定孩子。
- 承认你会犯错。不要为那些错误辩解。承认错误并做出必要的改变,以修复裂痕。
- 把争输赢这种传统的亲子相处模式抛在一边,以亲子合作取而代之。

换句话说,你珍惜亲子关系,因为你知道孩子和你有安全、相爱、真实、包容的关系比什么都重要。

切记,出现问题时,不要只把焦点放在孩子身上,不要认为问题出在他身上。仔细观察你们的关系,看看你们之间发生了什么,那才是你寻找答案的地方。

无论你和孩子的年纪多大,这些一般规则都适用。

令人惊讶的是,尽管我们犯了种种错误——吝于对孩子付出关爱,任意对孩子发泄怒火,轻率地对待孩子,经常瞒着孩子,无法陪伴孩子,不信任孩子,或拒绝从孩子的角度看事情,或过度占有孩子,不让他离开自己,或对孩子要求太多——我们和孩子依然连在一起。

诚实勇敢地修复任何裂痕,原谅自己并意识到我们都尽了最大的努力,可以让亲子关系更美好、更牢固。我们可以帮助及鼓励孩子锁定他们的愿望、希望和梦想去奋斗,我们可以相信他们。我也相信你可以做到。

致谢

我想感谢已故的父母，他们为我做的事情大多是好的，即使有些做法不太恰当，那对我当心理治疗师及作家的职业生涯还是很有帮助。

我怀孕时，想采用一些与父母不同的做法，所以我找了许多书籍来学习，其中最杰出的作品包括：罗伯特·费尔斯通（Robert Firestone）的《慈悲的育儿之道》（*Compassionate Child-rearing*）；阿黛尔·法伯（Adele Faber）与伊莱恩·玛兹利施（Elaine Mazlish）合著的《如何说孩子才会听，怎么听孩子才肯说》（*How to Talk So Kids Will Listen & Listen So Kids Will Talk*）；琼·拉斐尔-莱夫（Joan Raphael-Leff）的《生育的心理过程》（*Psychological Processes of Childbearing*）。

我觉得拉斐尔-莱夫对管控型和引导型家长的看法很宝贵。费尔斯通的书是探讨我们不知不觉中从父母那里传承下来的不良行为模式，例如内心自我批判的声音。法伯与玛兹利施则强调了确认感受的重要。他们的主张一直伴随着我，在我养育孩子的过程中，给了我很大的帮助和支持，他们都影响了这本书。唐纳德·温尼考特的研究也影响了我，尤其他提到父母何时憎恨或怨恨孩子，以及他为了把这个观念正常化所做的研究。

从那之后，我又读了许多书。安妮·墨菲·保罗的《胎内人生》(Origins)对本书讲"怀孕"部分有极大的影响。我推荐准父母阅读这本书，以及芭芭拉·卡茨·罗恩曼（Barbara Katz Rothman）的《试探性怀孕》(Tentative Pregnancy: Amniocentesis and the Sexual Politics of Motherhood)。

但书籍不是我获得知识的唯一宝贵资源，珍妮特·兰斯伯里（Janet Lansbury）的博客对我及这本书影响很大。在如何照顾及了解幼儿方面，我非常推荐她的博客。从她那里，我了解到把孩子的注意力从他的感受转移开来是不好的做法；不要帮婴儿坐起来；以及何时该协助幼儿，何时不该协助（弗雷亚的个案）。我也是从她的博客第一次读到，尊重孩子及关爱孩子一样重要。我很感谢朱迪·邓恩（Judy Dunn）和理查德·莱亚德（Richard Layard）在《美好童年》(A Good Childhood: Searching for Values in a Competitive Age) 中，针对家庭结构以及它对孩子的潜在影响所做的研究。

戴维·F. 兰希（David F. Lancy）的《童年人类学》(The Anthropology of Childhood) 让我知道"交感巫术"这个概念，以及"以儿童为中心"或"以成人为中心"的亲子教养概念，那是以我从拉斐尔-莱夫那里学到的概念为基础进一步阐述的。

感谢达西亚·纳维兹的《神经生物学和人类道德发展》

(*Neurobiology and the Development of Human Morality*)，她的主张与研究对我来说都相当宝贵，尤其是关于睡眠训练及其潜在危害的整理研究。

罗斯·格林（Ross Greene）的《如何引导暴躁的孩子》(*The Explosive Child*) 帮我定义及区别了孩子的行为何时算是不得体，我觉得他主张的合作型教养非常实用。他认为，人需要具有灵活应变、解决问题的能力和抗挫折能力才能表现得体。他也让我想从孩子的角度写一封信，以协助父母设身处地了解孩子的情况。

我还要感谢很多人，我想从专业人士开始：我要感谢我女儿的中学校长玛格丽特·康奈尔的智慧，她不仅教育了我女儿，也教了我很多东西，尤其是关于孩子与撒谎的问题。

我撰写这本书时，一些同样担任心理治疗师的同仁与我做了不少交流，我感激不尽。

我要特别感谢加州部落地带中心（Tribal Ground）的友人多萝西·查尔斯（Dorothy Charles），她帮我完成了"输赢游戏"的内容。我们的谈话以及她对初稿的意见都非常实用。柏林"活体中心"（The Living Body）的完形治疗师朱莉安娜·阿佩尔－奥珀（Julianne Appel－Opper）帮我完善了这本书里的许多概念，尤其是关于交流、互动，以及她提出的"依附理论"的比喻。她读了这本书的草稿，给了我一些宝贵的意见。若是没有她，这本书会逊色许多。我们花了四天的时间在

SPA 中心进行头脑风暴，为这本书构思想法。我很期待在完成写作任务后，再次和她一起好好地放松一下。

南威尔士大学的尼古拉·布伦登（Nicola Blunden）和我组成两人写作小组，我们一起住在南唐斯（South Downs）的一间小屋时，我们交流的想法让我受益匪浅。

伦敦"健康对话"项目（Talk for Health）的创始人兼董事长尼基·福赛斯（Nicky Forsythe）设计了"你对自己的情绪有多满意？"的练习。"如何改善交流"的练习是从她在"健康对话"中传授的"如何倾听"的练习改编而来的。

我要感谢作家温迪·琼斯（Wendy Jones），我写这本书陷入低潮时，她为我做了完形双椅治疗，也就是说，她引导我和这本书进行对话，我因此更清楚写作的方向。

感谢弹跳工作坊（Bounce Works）的儿童与家庭治疗师路易斯·温斯托克（Louis Weinstock）的鼓励，以及针对"培养稳定情绪"这部分内容所提出的意见。

我也要感谢记者兼心理治疗实习生苏珊娜·摩尔（Suzanne Moore），"不仅爱孩子，也真正喜欢孩子"那句话是她说的。她的话令我印象深刻，也影响了这本书的中心思想。

感谢伦敦静点空间（Stillpoint Spaces）的阿伦·巴力克（Aaron Balik），他让我使用静点空间的设施来进行编辑。

感谢诸位大方地拨出时间，分享想法，给予鼓励与关爱。

没有你们，我不可能完成这本书。

我想要放弃时，女儿弗洛读了我乱七八糟的初稿，并恳请我坚持下去。她也为后续几版的草稿提出建议。她说服我相信这是值得继续下去的事业，若不是她，我不可能完成这本书。她也非常大方，成为本书中唯一以真名一再出现的案例。我从弗洛身上学到许多人生的道理。从她的眼睛重新观察这个世界，让我成为更好的作家；更重要的是，我也因此变成更好的人。

弗洛还介绍我认识了汉纳·朱厄尔（Hannah Jewell），她来与我同住，是很棒的写作伙伴。

我非常感谢我先生格雷森（Grayson）在育儿过程中所付出的爱、勇气与真实。观察他和弗洛的亲子关系，也让他观察我和弗洛的亲子关系，感觉相当美好。在写这本书的过程中，他帮我承受了许多痛苦，而且无怨无悔。

我也要感谢许多朋友长期以来给我的鼓励，特别感谢：珍妮特·李（Janet Lee）、尤兰达·瓦兹奎斯（Yolanda Vazquez）、约翰尼·菲利普斯（Jonny Phillips）、阿尔巴·莉莉·菲利普斯－瓦兹奎斯（Alba Lily Phillips–Vazquez）、海伦·巴格纳尔（Helen Bagnall）。我写这本书陷入胶着状态时，巴格纳尔帮我拍了一张照片。后来比较顺利的时候，她又帮我拍了一张。她、狄肯·唐斯（Diccon Towns）、朱丽叶·罗素（Juliet Russell）一起在伦敦沙龙（Salon London）和奥索节（Also Festival）上向观众介绍我，对我帮助很大。这些人在我写这本书的过程中一直陪伴着我，我很爱他们。

我也很感谢一些不常见面，但经常在网络上聊天的朋友。他们也让我振作起来：感谢罗丝·博伊特（Rose Boyt），她针对手稿提出实用的建议；感谢达米安·巴尔（Damian Barr），他邀请我在萨沃伊舞厅（Savoy Ballroom）的"文学沙龙"上，向他的观众朗读这本书的草稿；感谢克莱尔·康维尔（Clare Conville）邀请我参加好奇艺术节（Curious Arts Festival），让我有机会把这本书里的一些概念套用在现场观众身上。这些朋友给了我勇气，我很需要这种勇气。

为了寻找书中的个案，我和许许多多的父母谈过。未收录在书中的案例和那些收录的案例一样宝贵，因为他们塑造及强化了我的思维，教我为人父母是什么样子，帮我看到我为人父母及为人子女的观点只是众多的观点之一。我不仅和很多父母谈过，很多父母也写信给我，参与我的调查，与我在网络上交谈，或通过《红》（Red）杂志联系我（我在那里开了一个问答专栏）。有些父母是我的心理治疗客户，我非常感谢所有家长的参与。

我也要感谢我有幸接触及学习的儿童、青少年和成年子女，尤其是我的客户。他们一次又一次地向我展示，婴幼儿期形成的感受、思想、反应模式，可能在一个人身上长期停留。我感谢你们每一位，因为你们一直都是我的老师。

我要特别感谢这本书中化名为"吉娜"的客户，因为她不仅提供我个案当素材，也指出草稿中的错误，她一直很忠实地支持着我的研究。

我也要感谢很多老师。玛丽亚·吉尔伯特（Maria Gilbert）和黛安娜·斯穆克勒（Diana Smukler）这两位教授主持一个心理治疗师的阅读与指导小组，在二十一世纪初的那几年，那个小组每月聚会一次。我们讨论许多关于精神分析的概念、理论和想法，我也把那些概念应用在本书的亲子教养理论中。两位教授不仅提供了想法，他们的鼓励也强化了我对自己的信心。

我的分析师安德鲁·萨缪尔教授（Andrew Samuels）也鼓舞了我，他让我看到，权威人物允许自己展露脆弱、不确定、真实时，并不会失去权威。他也对我说过，治疗师分两种，一种参加工作坊，另一种主持工作坊。他说我入错了小组，并给了我迫切需要的改变动力。我的分析可能几年前就结束了，但它的正面影响仍持续至今。

我很感谢我遇到过的所有治疗师。通过治疗，我了解到身处人际关系中的规则。那些规则大多可以应用在任何关系上，尤其是亲子关系。

感谢我的经纪人卡罗琳娜·萨顿（Karolina Sutton），她请我吃午餐，问我对写书有没有想法。我告诉她，我可以写一本书，谈亲子关系的重要，作为一种另类的教养手册。我还没决定要不要写这本书之前,她已经安排我和企鹅兰登书屋的威提雅·巴特菲尔德(Ventia Butterfield)见面。从来没有人为了一本书的出版和作者共进那么多次午餐,巴特菲尔德多次找我一起共进午餐,我们常聊到为人父母的经历,我想我们的想法是一致的。后来,她拿到初稿,但她不喜欢。我们经历了关系的破裂与修复的过程,并一起找到双方都喜欢的形式。我们本来可以相互逃避,但我们没有。我相信偏离正轨的关系可以重新步上正轨,并因此变得更牢固、更美好。这种破裂与修复的概念是本书的重点,巴特菲尔德和我也以出版商和作家的身份经历了这个过程。谢谢巴特菲尔德当初的坚持。

我也想感谢艾美·朗哥斯(Aimee Longos)、杰克·拉姆(Jack Ramm)、莎拉·戴(Sarah Day)的编辑意见。

最后,如果你还在阅读,在我提到"认识我的任何人"之前(仿佛我是参加 Radio 2 益智竞赛节目的参赛者一样),我必须感谢我在《红》杂志的前同事,他熟练地编辑我的问答专栏好几年,也编辑了这本书,让整本书完全脱胎换骨。布里吉德·莫斯(Brigid Moss)提出了各种正确的问题,并要求我回答。你真是完美的明星、才华横溢的作家兼编辑,也是令人敬畏的家长,我爱你。

我也要感谢认识我的所有人。这也许听起来微不足道,但我们都互相影响,塑造彼此,相互扶持。例如,在"游戏"那个部分提到的"变装派对"是一岁的艾斯米(Esme)设计的游戏。约二十年前,她的父亲盖伊·斯坎特伯里(Guy Scantle-bury)帮我装修新厨房。有时他来上工时,神情显得相当疲惫。他解释那是因为孩子"清晨五点玩变装派对"。

菲利帕·佩里

2018 年 9 月

延伸阅读

PART 1：亲子教养的传承

1. Steven J. Ellman,'Analytic Trust and Transference: Love, Healing Ruptures and Facilitating Repairs'(Ph. D., pp. 246-63, published online 25 June 2009)

2. Robert Firestone, *Compassionate Childrearing*（Plenum Publishing/Insight Books：1990）

3. John Holt, *How Children Fail*（Penguin：1990）

PART 2：孩子的成长环境

1. Judy Dunn and Richard Layard, *A Good Childhood: Searching for Values in a Competitive Age*（Penguin Books：2009）

2. Emily Esfahani Smith,'Masters of Love. Science Says Lasting Relationships Come down to-You Guessed It-Kindness and Generosity'（https：//www.theatlantic.com/health/archive/2014/06/happily-ever-after/372573/）

3. John M. Gottman, *The Seven Principles for Making Marriage Work*（Prentice Hall and IBD：1998）

4. Virginia Satir, *Peoplemaking*（Souvenir Press：1990）

5. D. W. Winnicott, *Home is Where We Start From: Essays by a Psychoanalyst* (Penguin: 1990)

PART 3：回应孩子的感受

1. Dr Tom Boyce, *The Orchid and the Dandelion* (Penguin: 2019)

2. Adele Faber and Elaine Mazlish, *How to Talk so Kids Will Listen and Listen so Kids Will Talk* (Piccadilly Press: 2012)

3. ——, *Siblings without Rivalry* (Piccadilly Press: 2012)

4. Jerry Hyde, *Play from Your Fucking Heart* (Soul Rocks: 2014; reprint)

5. Janet Lansbury, 'Five Reasons We Should Stop Distracting Toddlers and What to Do Instead' (http://www.janetlansbury.com/2014/05/5-reasons-we-shouldstop-distracting-toddlers-and-what-to-do-instead/)

6. Adam Phillips, Video on pleasure and frustration (https://www.nytimes.com/video/opinion/100000001128653/adam-phillips.html)

7. Naomi Stadlen, *What Mothers Do* (Piatkus: 2005)

8. Donald Winnicott, The 'Good-enough Mother' radio broadcasts (https://blog.oup.com/2016/12/winnicott-radio-broadcasts/)

PART 4：最初的孕育

关于"吃奶的本能"的更多信息：http：//breastcrawl. org/science. shtml

1. Beatrice Beebe and Frank M. Lachmann, *The Origins of Attachment: Infant Research and Adult Treatment* (Routledge: 2013)

2. John Bowlby, *A Secure Base* (Routledge: 2005)

3. Barbara Katz Rothman, *The Tentative Pregnancy: Amniocentesis and the Sexual Politics of Motherhood* (Rivers Oram Press: 1994; 2nd edn)

4. David F. Lancy, *The Anthropology of Childhood* (Cambridge University Press: 2014; 2nd edn)

5. Janet Lansbury's blog: JanetLansbury. com

6. Brigid Moss, *IVF: An Emotional Companion* (Collins: 2011)

7. Annie Murphy Paul, *Origins: How the Nine Months before Birth Shape the Rest of Our Lives* (Hay House: 2010)

8. Joan Raphael-Leff, *Parent-Infant Psychodynamics* (Anna Freud Centre: 2002)

9. ——, *Psychological Processes of Childbearing* (Centre for Psychoanalytic Studies: 2002; 2nd rev. edn)

PART 5：培养心理健康的孩子

1. Beatrice Beebe et al., 'The Origins of 12-Month Attachment: A Microanalysis of 4-Month Mother-Infant Interaction' (https://www.ncbi.nlm.nih.gov/pmc/articles/PMC3763737/)

2. Ruth Feldman, 'Parent-infant Synchrony and the Construction of Shared Timing; Physiological Precursors, Developmental Outcomes, and Risk Conditions, *Journal of Child Psychology and Psychiatry* (Wiley Online Library: 2007)

3. ——, 'Biological Foundations and Developmental Outcomes' (http://journals.sagepub.com/doi/10.1111/j.1467-8721.2007.00532.x)

4. Tracy Gillett, 'Simplifying Childhood May Protect against Mental Health Issues' (http://raisedgood.com/extraordinary-things-happen-when-we-simplifychildhood/)

5. Maya Gratier et al., 'Early Development of Turn-taking in Vocal Interaction between Mothers and Infants' (https://www.ncbi.nlm.nih.gov/pmc/articles/PMC4560030/)

6. Elma E. Hilbrink, Merideth Gattis and Stephen C. Levinson, 'Early Developmental Changes in the Timing of Turn-taking: A Longitudinal Study of Mother-Infant Interaction' (https://www.ncbi.nlm.nih.gov/pmc/articles/PMC4586330/)

7. Oliver James, *Love Bombing: Reset Your Child's Emotional*

Thermostat (Routledge: 2012)

8. Janet Lansbury, *Elevating Child Care: A Guide to Respectful Parenting* (CreateSpace Independent Publishing Platform: 2014)

9. ——, *No Bad Kids: Toddler Discipline without Shame* (CreateSpace Independent Publishing Platform: 2014)

10. W. Middlemiss et al., 'Asynchrony of Mother-Infant Hypothalamic-Pituitary-Adrenal Axis Activity following Extinction of Infant Crying Responses Induced during the Transition to Sleep' (https://www.ncbi.nlm.nih.gov/pubmed/21945361)

11. Maria Montessori, *The Absorbent Mind* (BN Publishing: 2009)

12. S. Myriski et al., 'Digital Disruption? Maternal Mobile Device Use is Related to Infant Social-Emotional Functioning' (https://www.ncbi.nlm.nih.gov/pubmed/28944600)

13. Darcia F. Narvaez, 'Avoid Stressful Sleep Training and Get the Sleep You Need: You Can Survive the First Year Without Treating Your Baby Like a Rat' (https://www.psychologytoday.com/blog/moral-landscapes/201601/avoid-stressful-slee-ptraining-and-get-the-sleep-you-need)

14. ——, 'Child Sleep Training's "Best Review of Research": Sleep Studies are Multiply Flawed Plus Miss Examining Child Wellbeing' (https://www.psychologytoday.com/blog/moral-land-

scapes/201407/child-sleep-training-sbest-review-research)

15. ——, *Neurobiology and the Development of Human Morality* (W. W. Norton & Co.: 2014)

16. Barry Schwartz, *The Paradox of Choice: Why More is Less* (Harper-Perennial: 2005)

17. Jack P. Shonkoff and Andrew S. Garner, 'The Lifelong Effects of Early Childhood Adversity and Toxic Stress' (http://pediatrics.aappublications.org/content/early/2011/12/21/peds.2011-2663.short)

18. Ed Tronick, *The Neurobehavioral and Social-Emotional Development of Infants and Children* (W. W. Norton & Co.: 2007)

PART 6：所有的行为都是沟通

1. Hannah Ebelthite, 'ADHD: Should We be Medicalising Childhood?' (http://www.telegraph.co.uk/health-fitness/body/adhd-should-we-be-medicalisingchildhood/)

2. Adele Faber and Elaine Mazlish, *How to Talk so Teens Will Listen and Listen so Teens Will Talk* (Piccadilly Press: 2012)

3. Ross Greene, *The Explosive Child* (Harper Paperbacks: 2014)

4. Christine Hooper and Margaret Thompson, *Child and Adolescent Mental Health: Theory and Practice* (CRC Press: 2012; 2nd edn)

5. Janet Lansbury, *Elevating Child Care: A Guide to Respectful Parenting* (CreateSpace Independent Publishing Platform: 2014)

6. ——, *No Bad Kids: Toddler Discipline without Shame* (CreateSpace Independent Publishing Platform: 2014)

7. Ian Leslie, *Born Liars: Why We Can't Live without Deceit* (Quercus: 2012)

8. Ruth Schmidt Neven, *Emotional Milestones from Birth to Adulthood: A Psychodynamic Approach* (Jessica Kingsley Publishers Ltd: 1997)

9. Victoria Talwar and Kang Lee, 'A Punitive Environment Fosters Children's Dishonesty: A Natural Experiment' (https://www.ncbi.nlm.nih.gov/pmc/articles/PMC3218233/)